AF531984

POKÉMON™

DAS GROSSE POKÉMON-BASTELBUCH

DIE SCHÖNSTEN BASTELIDEEN AUS PAPIER

DESIGNS VON
MATTHEW REINHART

TEXT VON
KAY AUSTIN

INHALT

SCHWIERIGKEITSGRADE

ϟ leicht

ϟϟ mittel

ϟϟϟ schwierig

EINLEITUNG

Ich erinnere mich noch ganz genau daran, wie ich eines Morgens im Jahr 1998 meine erste Folge der Pokémon-TV-Serie sah. Damals war ich gerade dabei, mein Studium in Brooklyn abzuschließen. Ich war also kein Kind mehr, schaute aber immer noch gern Zeichentrick. Sobald ich das Titellied hörte und verschiedene Pokémon über den Bildschirm flitzten, war mein Interesse geweckt. Als Anime-Fan, der Spielzeugdesign studierte, fand ich das Konzept genial, die Geschichten unterhaltsam und die Pokémon-Designs richtig gelungen – in ihnen steckten viel Kreativität und Liebe zum Detail. Von da an verfolgte ich jeden Morgen, bevor ich zur Uni ging, die Abenteuer von Ash Ketchum, Pikachu und ihren Freunden. Ich erlebte, wie das Pokémon-Fieber um sich griff und Millionen Kinder Pokémon-Sammelkarten tauschten. Pikachu wurde weltweit bekannt. Und heute, 25 Jahre später, sind Pokémon noch immer so beliebt wie damals.

Dieses Buch erweckt die Welt der Pokémon zum Leben, und zwar in Form von raffinierten Papierfiguren, interessanten Schaukästen und nützlichem Zubehör. Pokémon sind die perfekte Vorlage für Basteleien aus Papier, und ich bin dankbar, dass ich diese Anleitungen mit anderen Pokémon-Fans teilen kann. Das Entwerfen der Projekte hat mir große Freude bereitet, und ich hoffe, das Basteln macht dir genauso viel Spaß.

Einige der Projekte erfordern etwas Zeit und Geduld, aber lass dich davon nicht abschrecken. Halte dich ganz genau an die Anleitungen, dann kann eigentlich nichts schiefgehen. Ein kleiner Tipp: Es ist ganz normal, dass man Fehler macht. Du kannst sie jederzeit korrigieren. Auch als Pokémon-Trainer lernt man aus Fehlern und wird mit der Zeit immer besser. Bist du bereit, dich der Herausforderung zu stellen?

Matthew Reinhart

Tipps und Videos findest du auf: insighteditions.com/pokemonpapercrafts.

BISASAM-KLAPPKARTE

SCHWIERIGKEITSGRAD ϟϟ

DU BRAUCHST:

- Bastelbogen, Seite 49–51
- Klebstoff

Der Samen auf dem Rücken von Bisasam wächst dort seit seiner Geburt. Solange es jung ist, ernährt es sich daraus, um zu wachsen. Es kann mehrere Tage ohne Essen auskommen. Oft macht Bisasam ein Nickerchen in der Sonne – durch das helle Licht wird der Samen auf seinem Rücken immer größer.

ANLEITUNG

1. Die Teile für die Bisasam-Klappkarte vorsichtig heraustrennen.
2. Die Teile A, B und C wie gezeigt an die Rückseite des Busches kleben.
3. Den Kopf entlang der eingezeichneten Linien falten und den Bereich hinter dem Kopf wie gezeigt an die Rückseite kleben.
4. Die Teile D und E an die Ecken D und E kleben. Entlang der eingezeichneten Falzlinien falten.
5. Teil F auf die Fläche F kleben. Daraus entsteht der Körper von Bisasam.
6. Die Teile G und H auf die Flächen G und H kleben.
7. Die Lasche des Kopfes durch den eingezeichneten Schlitz stecken und Lasche I auf die Fläche I kleben.
8. Die Karte entlang der Falzlinien zusammenfalten.

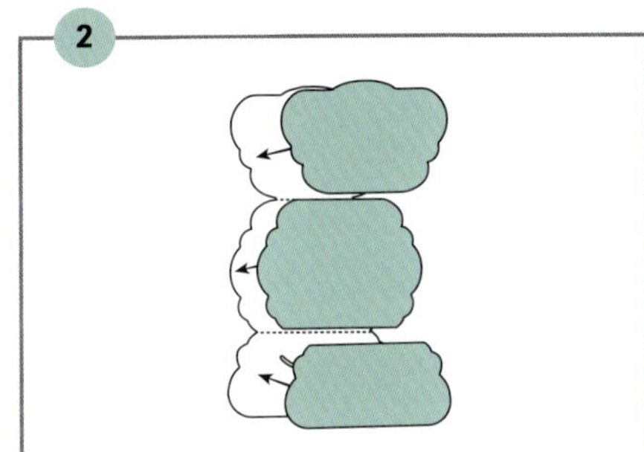

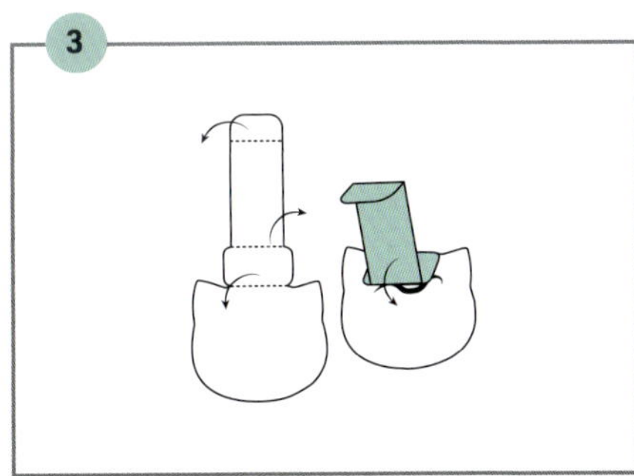

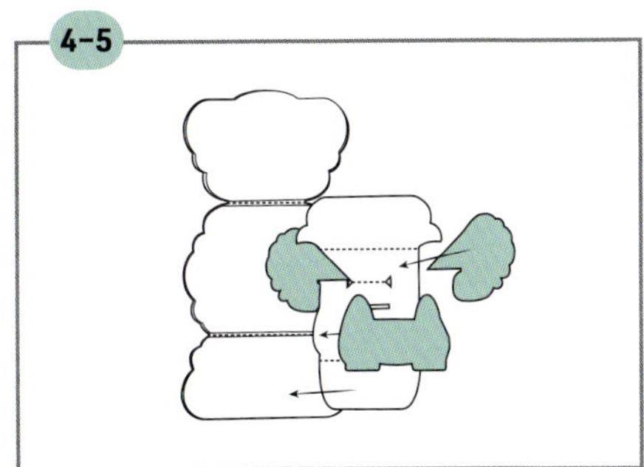

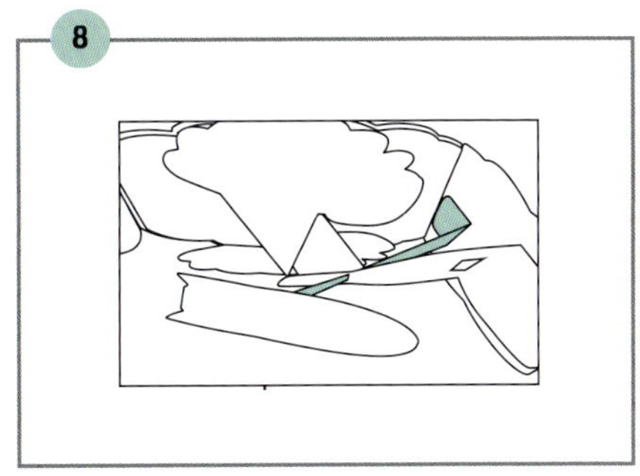

POP-UP-LANDSCHAFTEN

SCHWIERIGKEITSGRAD ⚡

DU BRAUCHST:

- Bastelbogen, Seite 53–63
- Klebstoff

Gengar lauert seiner Beute auf und absorbiert Wärme aus Räumen und von seinen Opfern. Fröstelt man plötzlich und ohne Grund, versteckt sich wahrscheinlich ein Gengar im Schatten. Lapras ist hingegen gutherzig. Es transportiert Menschen und Pokémon sogar über eisige Meere, ohne sich zu beklagen. Dank seiner Intelligenz versteht es die menschliche Sprache. Relaxo ist dafür bekannt, nur zu fressen und zu schlummern. Es kann am Tag 400 Kilogramm Nahrung in sich hineinstopfen, bevor es einschläft. Dabei ist es nicht wählerisch: Sein Magen ist äußerst robust, sodass es sogar verdorbenes Essen verträgt. Bei diesem Projekt bastelst du drei Landschaften für diese Pokémon. Gengar lauert im Mondschein, während Lapras am Strand auf Passagiere wartet. Relaxo macht das, was es am besten kann: mit vollem Bauch dösen.

ANLEITUNG

1. Die Teile für die Relaxo-, Gengar- oder Lapras-Landschaft heraustrennen und alle eingezeichneten Falzlinien falten. Diese Anleitung ist für jede Landschaft gleich.
2. Teil A auf die Fläche A kleben.
3. Teil B auf die Fläche B kleben.
4. Die Teile C, D und E jeweils auf die Flächen C, D und E kleben.
5. Die Teile F, G und H jeweils auf die Flächen F, G und H kleben. ACHTUNG: Durch die Schlitze lassen sich die Teile F und G an den mittleren Bereich von Teil B stecken (siehe Pfeile).

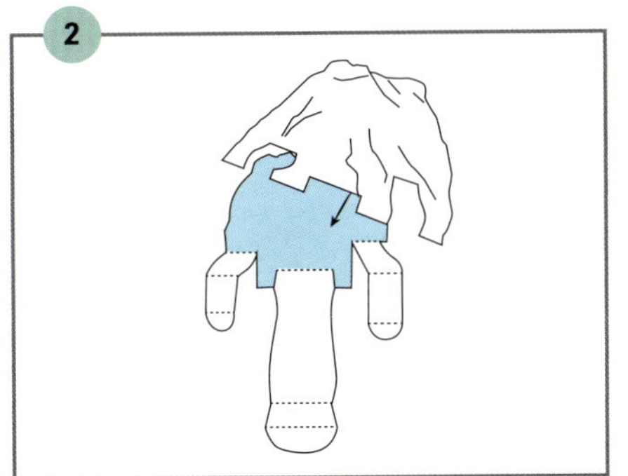

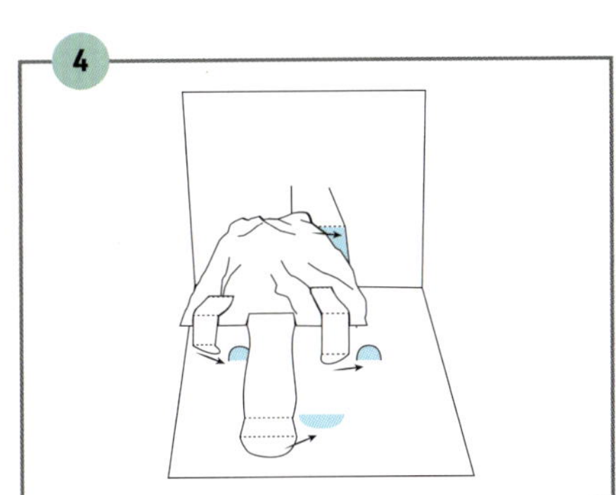

PIKACHU-PAPIERFIGUR

DU BRAUCHST:

- Bastelbogen, Seite 65–69
- Klebstoff

SCHWIERIGKEITSGRAD

Pikachu speichert in seinen Backentaschen Elektrizität, um sie bei Bedarf einzusetzen. Treffen sich zwei Pikachu, legen sie ihre Schweife aneinander und tauschen Strom aus. Wälder, in denen viele Pikachu leben, sind leicht zu erkennen, da die Elektrizität dieser Pokémon Gewitter erzeugt. Dabei werden viele Bäume von Blitzen getroffen.

Pikachu, die sehr starken Strom erzeugen können, haben besonders weiche und elastische Backentaschen. Aber Vorsicht beim Anfassen: Ein erzürntes Pikachu entlädt sofort seine gespeicherte Elektrizität und versetzt allen in seiner Nähe einen Stromschlag. Zum Glück ist dieses Papier-Pikachu ganz zahm und greift nicht an, auch wenn man seine Backentaschen rubbelt.

ANLEITUNG

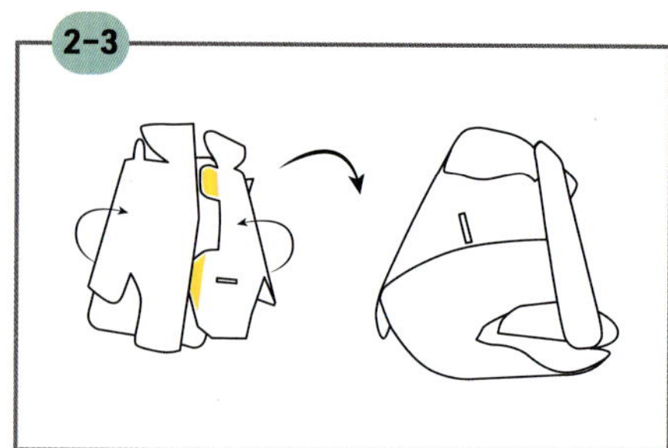

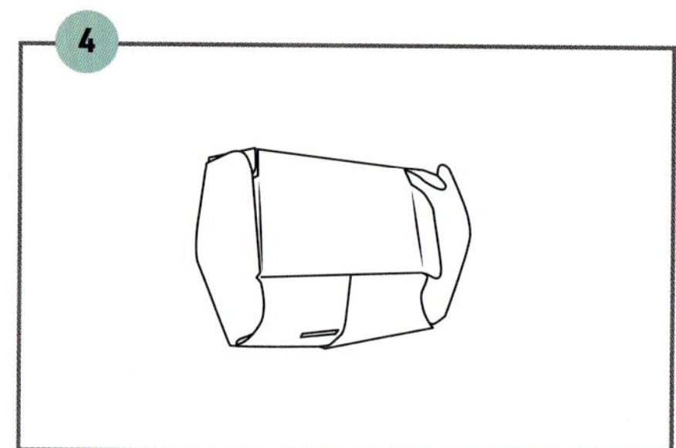

1. Die Teile für die Pikachu-Papierfigur heraustrennen.
2. Alle Falzlinien falten.
3. Die Laschen A und B an die Punkte A und B kleben. Dabei das Papier biegen, um den Körper zu formen.
4. Teil C an Punkt C kleben, dann die Teile D und E an die Punkte D und E auf den Laschen am unteren Rand kleben. Daraus entsteht die Unterseite des Körpers.

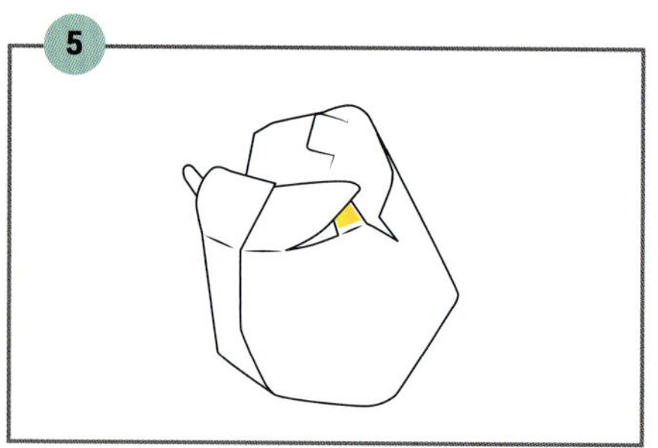

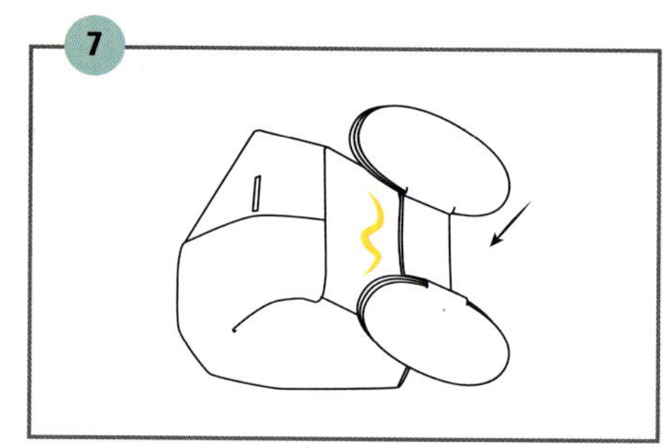

5. Die Teile F und G an die Punkte F und G kleben.
6. Die Teile H (Füße) falten und zusammenkleben.
7. Dann die Laschen H auf den Bereich H an der Unterseite des Körpers kleben, um die Füße zu befestigen.

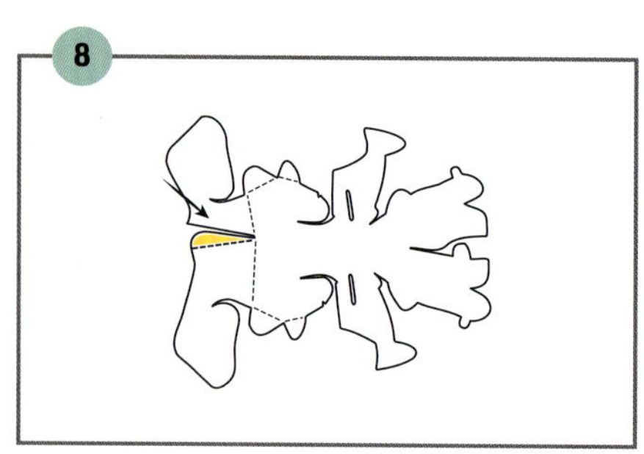

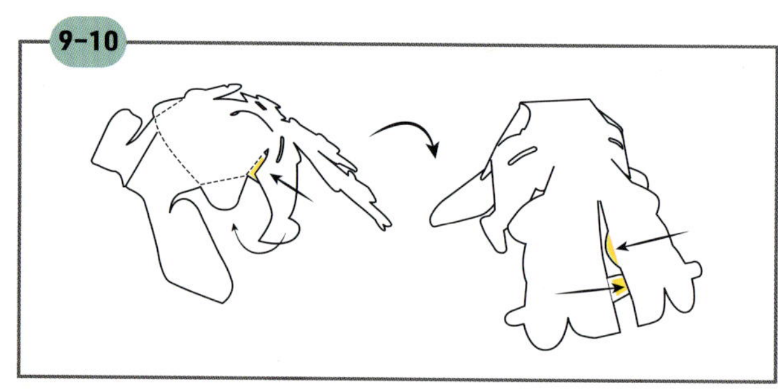

8. Den unteren Bereich des Gesichts vorsichtig falten und die Lasche I an Bereich I festkleben.
9. Den hinteren Teil des Kopfes vorsichtig nach hinten biegen und die Laschen J und K an die Punkte J und K kleben.
10. Lasche L an Punkt L kleben.

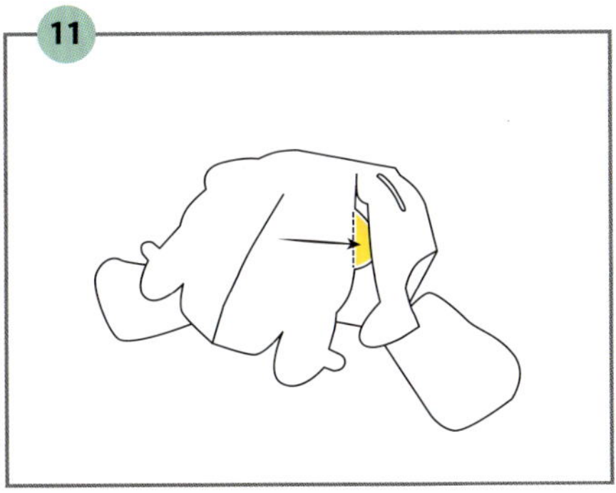

11. Die Laschen M und N an die Bereiche M und N kleben.

12. Die Ohren O und P mit den Rückseiten aufeinanderkleben, dann die Ohren in die Schlitze stecken und die Laschen innen am Kopf festkleben.

13. Die Laschen Q und R an die Punkte Q und R kleben, um die Backen zu formen.

14. Die Laschen S und T an die Punkte S und T kleben, um den Kopf fertigzustellen. Die Laschen U und V an die Bereiche U und V kleben.

15. Um den Kopf am Körper anzubringen, die Laschen W und X des Kopfes an die Flächen W und X am Körper kleben.

16. Die Teile Y (Arme) vorsichtig entlang der Linien falten und wie gezeigt zusammenkleben. Dann den Y-Punkt an jedem Arm auf die dazugehörigen Y-Punkte auf dem Körper kleben. Achte darauf, dass du den rechten Arm auf die rechte Seite und den linken auf die linke klebst.

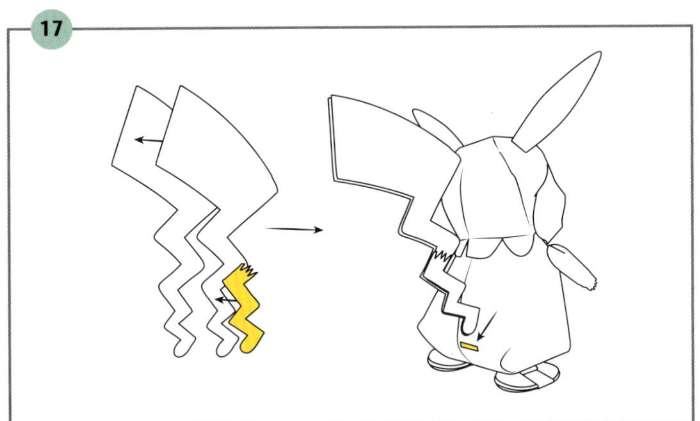

17. Die längeren Schweife Z mit den Rückseiten aneinanderkleben, sodass man die bedruckten Seiten sieht. Das kleine Schweifstück auf Z kleben. Dann in den Schweifschlitz stecken und am Körper festkleben.

MYRAPLA-PAPIERFIGUR

SCHWIERIGKEITSGRAD

DU BRAUCHST:

- Bastelbogen, Seite 71–73
- Klebstoff
- Stäbchen oder Bleistift
- Musterklammer

Bei Tag vergräbt sich Myrapla im Boden, um sich vor der Sonne zu verstecken. Erst im Licht des Mondes bewegt es sich und zieht weite Runden, um seine Samen zu verstreuen. Man sagt, dass Myrapla in einer Nacht 300 Meter zurücklegt. Mit dieser Anleitung kannst du dir dein eigenes Myrapla basteln. Im Gegensatz zu seinen Artgenossen wird es sich aber tagsüber nicht vergraben.

ANLEITUNG

1. Die Teile für die Myrapla-Papierfigur heraustrennen. Entlang aller eingezeichneten Falzlinien falten.
2. Die Teile A an die Unterseiten der Füße kleben, sodass sie auf beiden Seiten blau sind. Die Kante von A liegt dabei am Falz der Klebefläche an.
3. Umknicken und B auf die Flächen B kleben. Das sind die Füße.
4. Die Beine entlang der Falzlinien so falten, dass die Farbseite außen ist. Dann C wie auf dem Bastelbogen gezeigt kleben, um die Fersen zu bilden.
5. Teil D an den Bereich D am Körper kleben, um die fertigen Beine anzubringen.
6. Die Teile E und F mit den Rückseiten aneinanderkleben, um die Blätter zu bilden.
7. Die Teile E und F mit einem Bleistift oder Stäbchen leicht eindrehen. Auch die Teile für den Körper auf diese Weise formen.

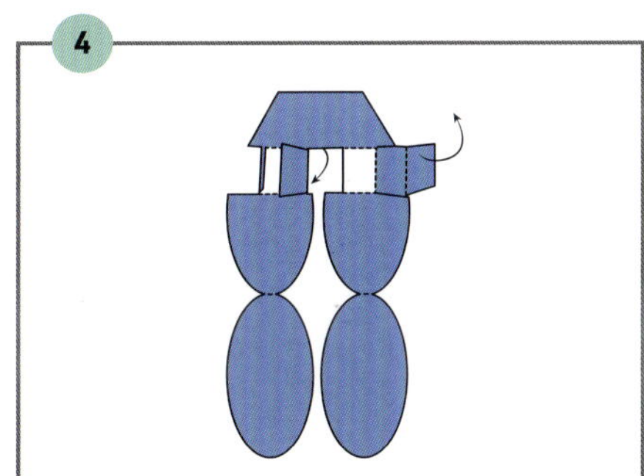

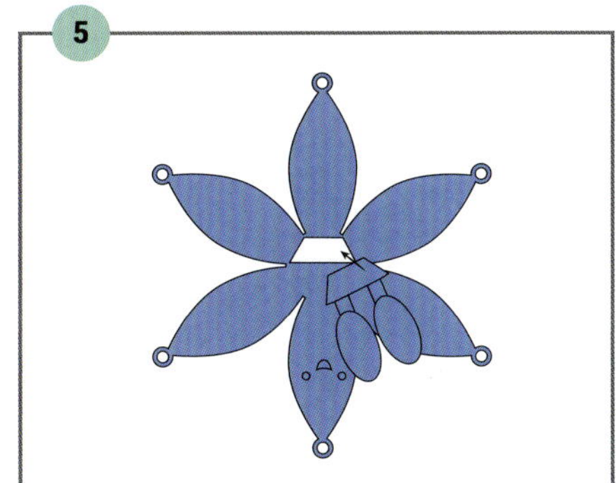

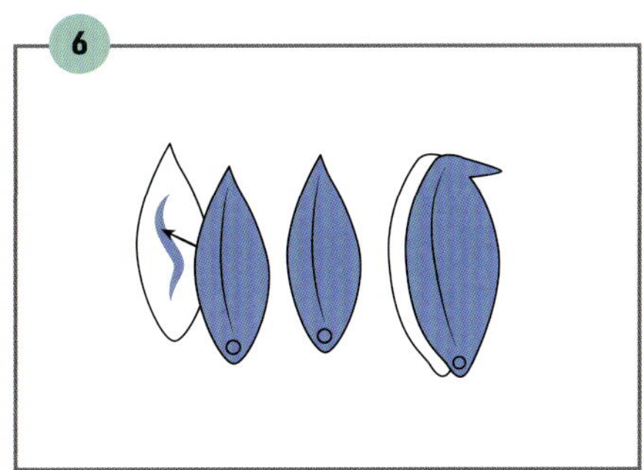

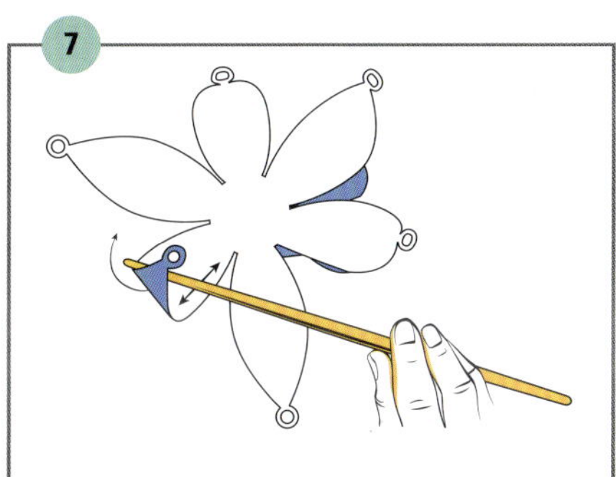

8. Die Blätter (Teile E und F) wie gezeigt übereinanderlegen und eine Musterklammer durchstecken.
9. Die Löcher der Körperteile von rechts nach links aufeinanderlegen.
10. Den Körper leicht zusammendrücken und die Musterklammer durch die Löcher am Körper stecken.

POKÉBALL

SCHWIERIGKEITSGRAD

DU BRAUCHST:

- Bastelbogen, Seite 75–81
- Klebstoff

Es gibt viele Pokéball-Arten. Sie sehen zwar alle unterschiedlich aus, dienen aber demselben Zweck: dem Fangen von Pokémon. Da es leider nicht viele Pokémon gibt, die du fangen kannst, musst du für deinen Papier-Pokéball eine andere Verwendung finden. Hast du schon eine Idee? Du könntest ihn zum Beispiel nach deinem Geschmack gestalten, etwas auf die Oberfläche zeichnen oder sie mit Stickern verzieren! Dann hättest du deine persönliche Kapsel-Deko – wie die Pokémon-Koordinatoren.

ANLEITUNG

1. Die Teile für den Pokéball heraustrennen und alle Falzlinien falten.
2. Für die obere und untere Hälfte des Balls klebst du die Laschen A, B, C und D an die dazugehörigen Flächen. ACHTUNG: Der äußere Deckelstreifen mit der Aufschrift „Hier E ankleben" muss sich über dem inneren Deckelstreifen mit der Aufschrift „Hier I ankleben" befinden.
3. Die Teile E und F auf die dazugehörigen Bereiche für E und F kleben. Das wird der schwarz-weiße Knopf.
4. Den fertigen Knopf auf den Punkt E an der Außenseite der oberen Hälfte des Pokéballs kleben.
5. Für den Klappmechanismus einfach die Teile G und H auf die dazugehörigen Flächen G und H kleben.
6. Die Laschen I und J auf die Felder I und J kleben. Damit kannst du den Pokéball verschließen.

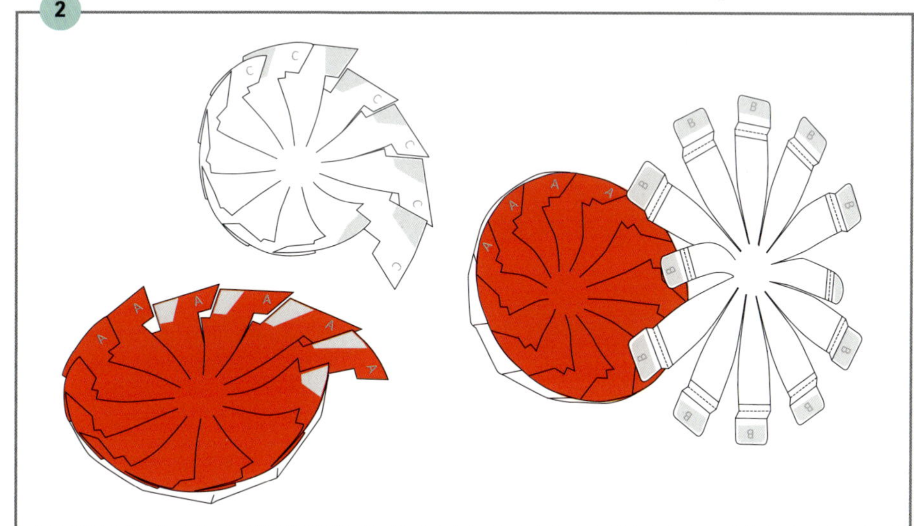

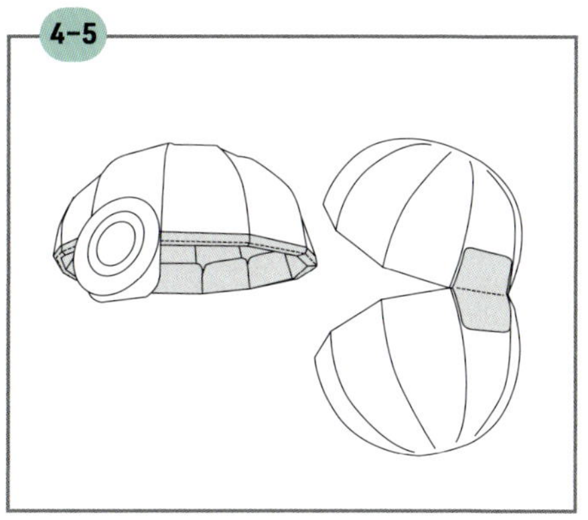

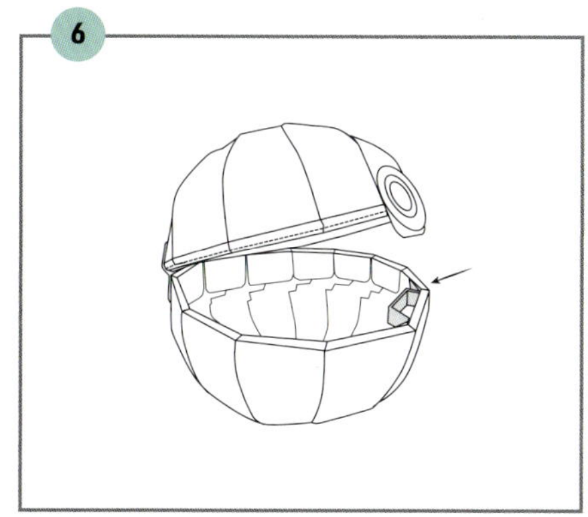

POKÉDEX

SCHWIERIGKEITSGRAD ϟϟ

DU BRAUCHST:

- Bastelbogen, Seite 83–87
- Klebstoff

Alle neuen Trainer erhalten zusammen mit ihrem ersten Partner-Pokémon in der Regel einen Pokédex. Der liefert nicht nur nützliche Informationen zu jedem Pokémon, auf das man ihn richtet, sondern verrät den Trainern auch, welche Attacken ihre Partner-Pokémon beherrschen. In jeder Region sieht der Pokédex ein bisschen anders aus. Manchmal zieht sogar ein Rotom ein, wodurch weitere Funktionen freigeschaltet werden.

Der Pokédex, den du nach dieser Anleitung basteln kannst, ist dem aus Kanto nachempfunden. Zu Pokémon aus anderen Regionen hat er womöglich keine Daten parat. Tipp: Wähle einfach dein Lieblings-Pokémon vom Bastelbogen aus und schreibe alle wichtigen Infos dazu – so, wie man sie normalerweise im Pokédex finden würde.

ANLEITUNG

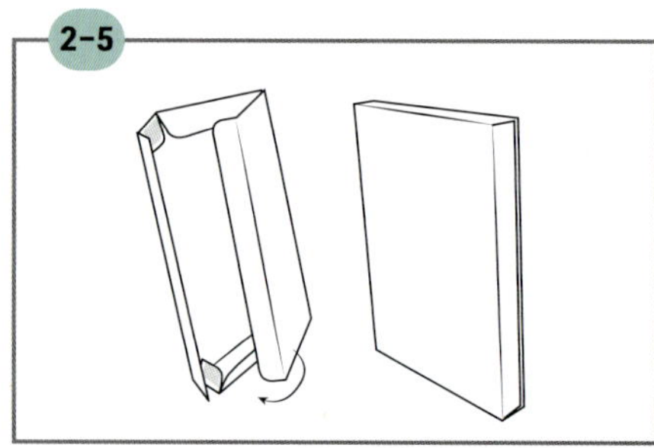

1. Die Teile für den Pokédex heraustrennen. Alle Falzlinien falten.
2. Die linke Seite des Pokédex umklappen.
3. Lasche A an Feld A kleben.
4. Die Laschen B, C, D und E nach innen falten und mit den Punkten B, C, D und E verkleben, um die Ecken und kurzen Seiten zu bilden.
5. Die Teile F, G und H auf die dazugehörigen Bereiche kleben.
6. Der Bildschirm ist Teil I. Den hinteren Teil des Bildschirms hinter den bedruckten Teil falten. Die schmalen Laschen nach hinten falten und an der Rückseite des bedruckten Teils festkleben.
7. Teil K auf Bereich J kleben.

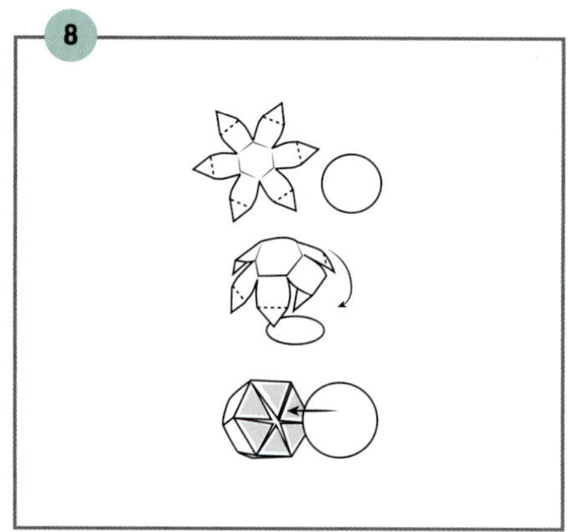

8. Die Laschen L auf die Dreiecke auf Teil M kleben und dann Teil M auf den Bereich M auf Teil K kleben.

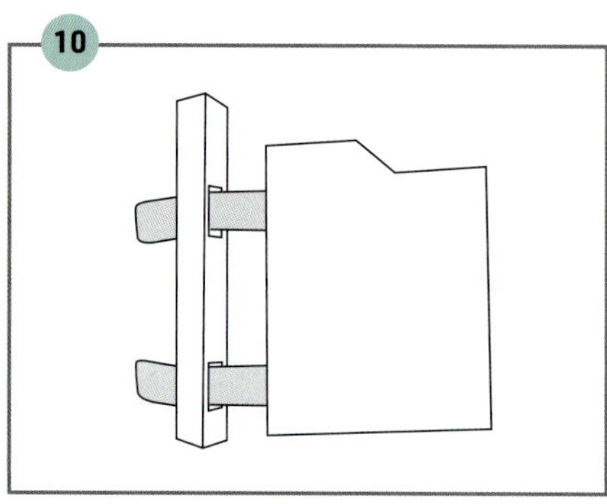

10. Die langen Laschen R und S durch die Löcher am Klappteil schieben und an den dazugehörigen Bereichen festkleben.

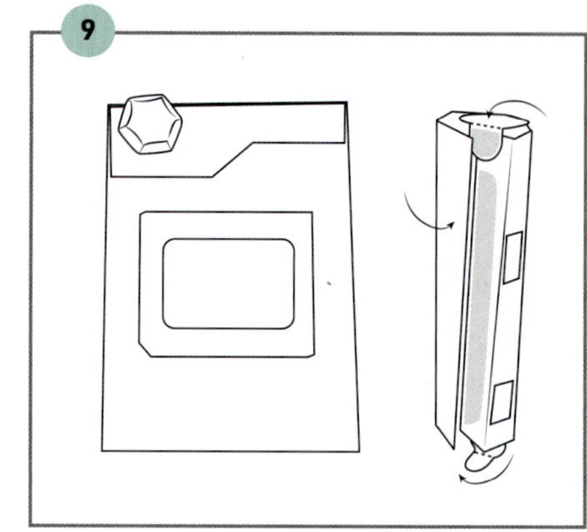

9. Den Klappteil entlang der Falzlinien falten, dann Teile O, P und Q auf die dazugehörigen Bereiche kleben.

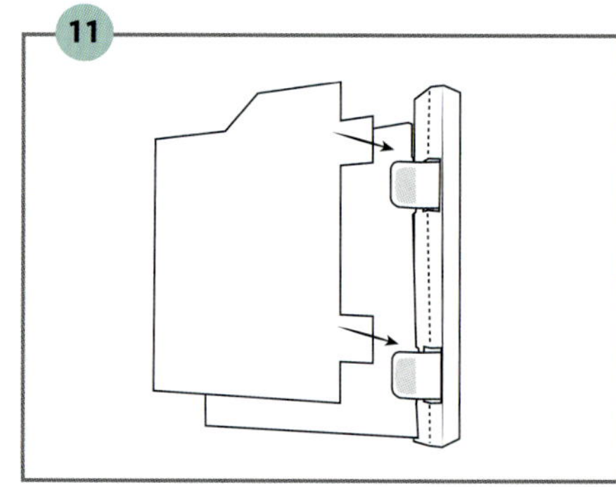

11. Teil T an den Bereich T auf der Rückseite des rechten Teils des Pokédex kleben.
12. Die Lasche U an Punkt U kleben.

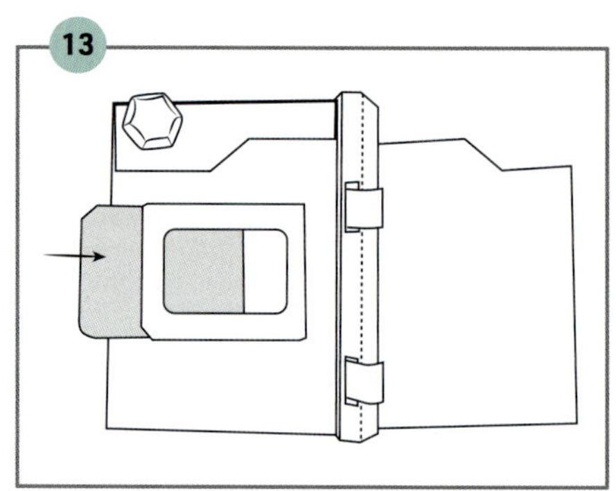

13. Nun kannst du ein Pokémon deiner Wahl in den Bildschirm stecken.

TAMATO BERRY
TIMER BALL
SITRUS BERRY
MASTER BALL
DUSK BALL
ORAN BERRY
ULTRA BALL
PECHA BERRY

POKÉMON-SPIEL

DU BRAUCHST:

- Bastelbogen, Seite 89

SCHWIERIGKEITSGRAD ϟ

Wenn du dieses Bastelprojekt fertiggestellt hast, kannst du es als Spiel für dich und deine Freunde verwenden. Welche der vier versteckten Pokémon werdet ihr finden? Steck deine Daumen und Zeigefinger in die vier Ecken und lass jemanden eine Beere aussuchen. Durch Zusammendrücken und Auseinanderziehen des Spiels wechselst du nun zwischen zwei Sets von Pokébällen hin und her, während du den Namen der Beere buchstabierst. Danach hältst du inne, und die andere Person wählt einen der vier Pokébälle, die nun zu sehen sind. Dann machst du das Gleiche noch mal, aber buchstabierst den Namen des Pokéballs.

Wenn du fertig bist, wählt die andere Person einen der Bälle und sieht nach, welches Pokémon sich dahinter verbirgt. Ist es Glurak, dessen feuriger Atem sogar Felsen schmelzen kann? Oder Guardevoir, das seinen Trainer mit all seinen Psycho-Kräften beschützt? Vielleicht ist es auch Vulnona, das jeden verflucht, der seinen Schweif ergreift. Oder Nachtara, dessen Ringe im Schein des Mondes aufglühen. Das könnt ihr so lange wiederholen, bis ihr alle Pokémon gefunden habt.

2–3

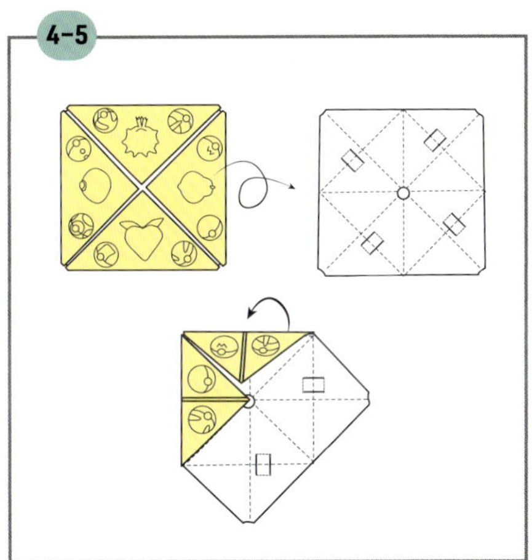

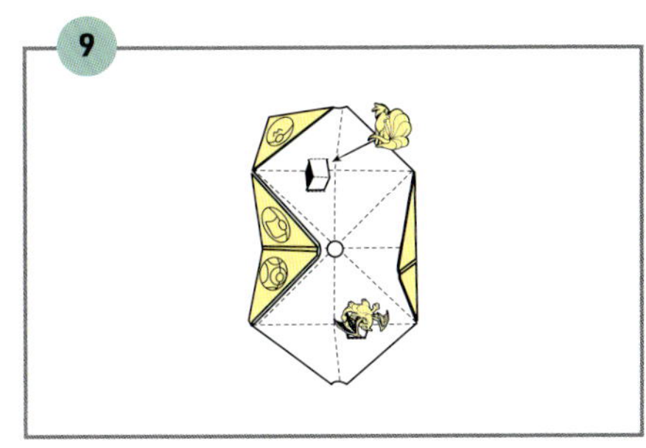

ANLEITUNG

1. Die Teile für das Pokémon-Spiel heraustrennen. Achte darauf, auch den kleinen Kreis in der Mitte des Bastelbogens zu entfernen.
2. Den Bogen mit der bedruckten Seite nach unten hinlegen.
3. Jede der vier Ecken zur Mitte falten. So entsteht ein kleineres Quadrat.
4. Das Quadrat umdrehen, sodass die Pokémon-Namen nach oben zeigen.
5. Noch einmal jede der vier Ecken nach innen falten. Nun zeigen die Pokébälle nach oben.
6. In der Hälfte umknicken, um einen Falz durch die Mitte zu machen.
7. Die Ecken vorsichtig herausziehen und Daumen und Zeigefinger hineinstecken. Auf der Außenseite sollten die Beeren zu sehen sein.
8. Sobald die Form stimmt und alle Falze sitzen, das Spiel wieder flach hinlegen und die Laschen öffnen, um die Pokémon-Namen zu sehen.
9. Die Teile mit den Klebeflächen A, B, C und D so falten, dass sie in die entgegengesetzte Richtung zum Rest der Faltung herausklappen.
10. Die Teile A, B, C und D auf die dazugehörigen Flächen kleben.

PUMMELUFF-PAPIERFIGUR

SCHWIERIGKEITSGRAD ⚡⚡

DU BRAUCHST:

- Bastelbogen, Seite 91–93
- Klebstoff
- Musterklammer
- Stäbchen oder Bleistift
- Münze

Pummeluff hat eine angenehme Singstimme. Flackern seine Augen, kann seine Melodie fast jeden in den Schlaf lullen. Im Kampf singt es unaufhörlich, bis sein Gegner einschläft. Dabei bläht es seine Lungen auf, um länger durchzuhalten. Die Schlummerlieder dieses Pokémon sind so wirksam, dass Aufnahmen davon in Geschäften oft neben dem Bettzeug verkauft werden. Das Papier-Pummeluff kann zwar nicht singen, aber sein freundliches Gesicht verbreitet eine beruhigende Atmosphäre.

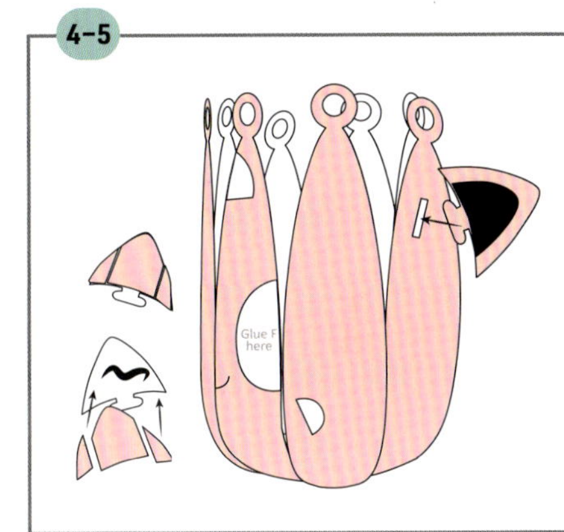

ANLEITUNG

1. Die Teile für die Pummeluff-Papierfigur heraustrennen.
2. Teil A auf Bereich A (auf der Rückseite des Papiers) kleben.
3. Alle B-Teile übereinanderlegen und von rechts nach links festkleben. Daraus entsteht der untere Teil.
4. Die Teile C an die Bereiche C auf der Rückseite jedes Ohrs kleben.
5. Die Laschen an der Unterseite der Ohren falten und in die Schlitze auf dem Kopf stecken. Die Laschen dann auffalten, damit sie halten.
6. Die Löcher D von rechts nach links übereinanderlegen (sie überlappen sich ein wenig) und mit der Klammer fixieren. Das ist die Oberseite.
7. Die Teile E für die Arme an die Bereiche E am Körper kleben.
8. Die Münze auf den markierten Bereich kleben.
9. Teil H auf Bereich H kleben, sodass die Münze als Gewicht zwischen den beiden Papierschichten liegt.
10. Umdrehen und die Füße auf die Bereiche G kleben.
11. Teil B an der Unterseite des Körpers auf Bereich B kleben.
12. Teil I mit dem Bleistift oder Stäbchen eindrehen und auf Bereich I kleben.
13. Die Augen (Teile F) auf die Flächen F am Gesicht kleben.

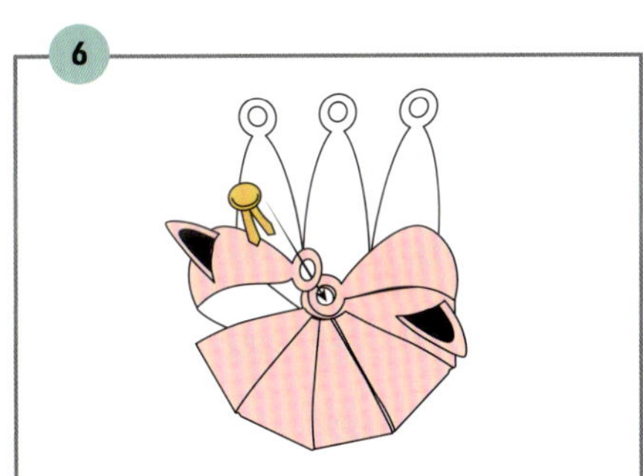

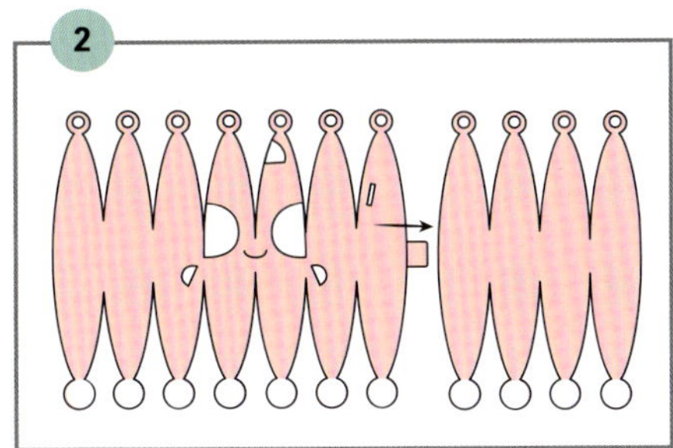

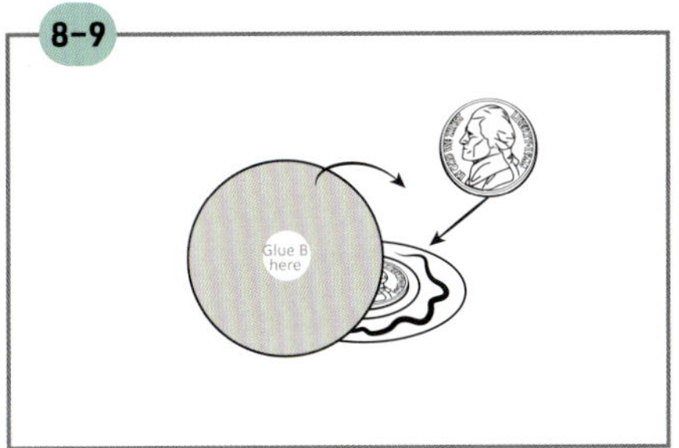

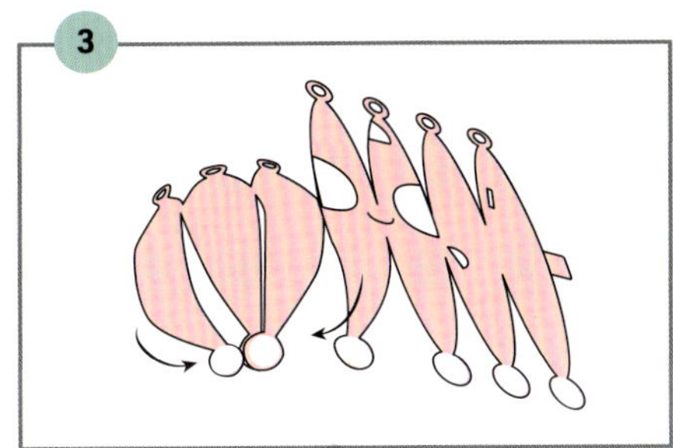

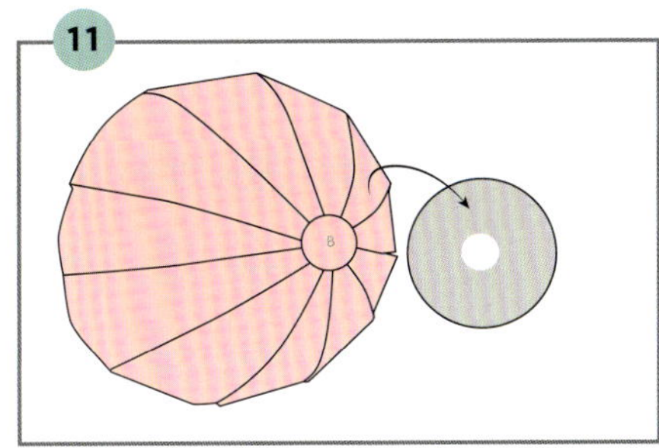

SCHAUKASTEN MIT POKÉMON-ENTWICKLUNG

DU BRAUCHST:

- Bastelbogen, Seite 95–117
- Klebstoff

SCHWIERIGKEITSGRAD ⚡⚡

Bei diesem Projekt bastelst du einen Schaukasten, in dem du einige bekannte Pokémon ausstellen kannst. Tausche sie beliebig aus und platziere sie so, wie du magst. Du kannst sie sogar umdrehen, um eine andere Entwicklungsstufe zu sehen.

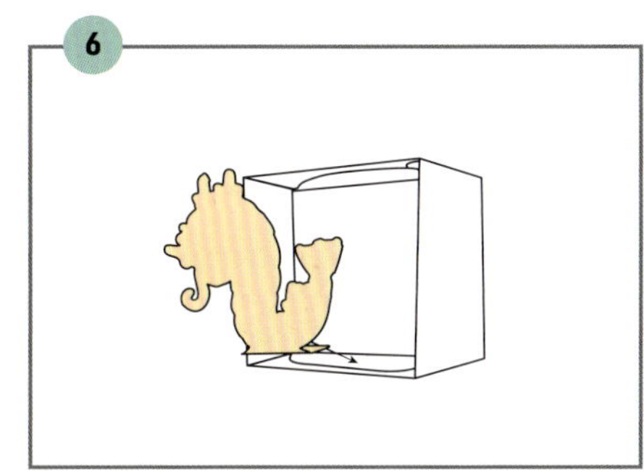

ANLEITUNG

1. Die Teile für den Schaukasten heraustrennen.
2. Alle neun Boxen falten. Die Box-A-Laschen an die Box-A-Flächen kleben. (Die Laschen genau übereinanderlegen, damit die Boxen nicht zu eng werden.)
3. Alle Box-B-Laschen an allen neun Boxen falten.
4. Jedes Box-B-Teil wie gezeigt in die Box-A-Teile kleben.
5. Jedes Box-C-Teil wie gezeigt in beide Seiten der Box-C-Bereiche kleben. Auf jede Seite einer Box gehören die gleichen Box-C-Teile.
6. Nun die Laschen an der Unterseite jedes Pokémon nach hinten falten und jede Figur in die dazugehörige Box kleben (und auf die Rückseite der Box die passende Entwicklung).
7. Für den Schaukasten die äußeren Wände hochfalten und die Laschen A an die Bereiche A kleben.
8. Dann die anderen zwei Wände hochfalten und die Laschen C an die Bereiche C kleben.
9. Alle vier Wände nun wie gezeigt an den Bereichen A und D festkleben.

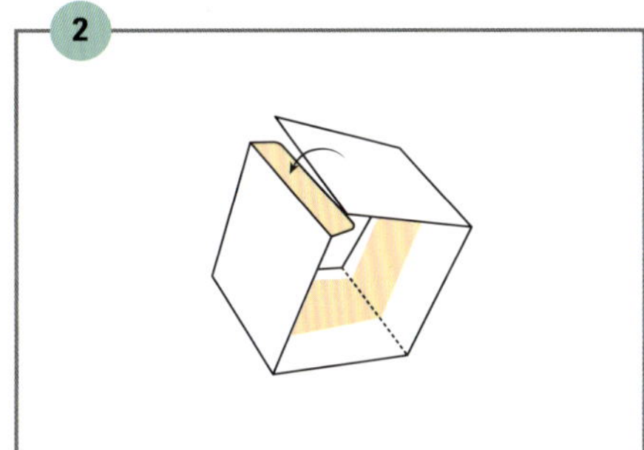

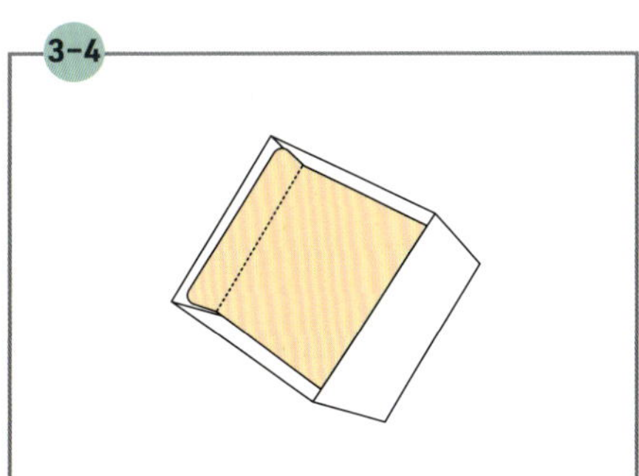

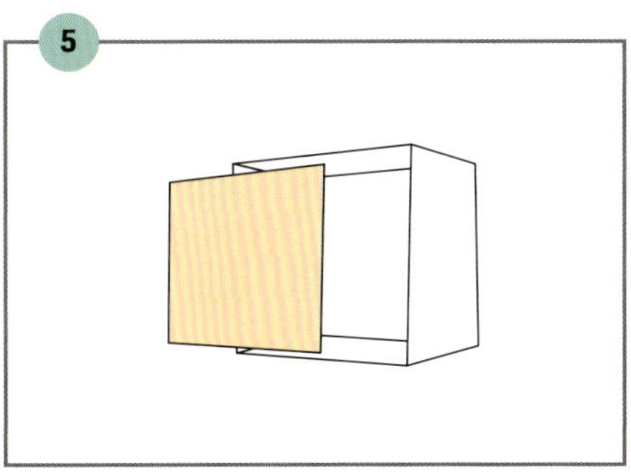

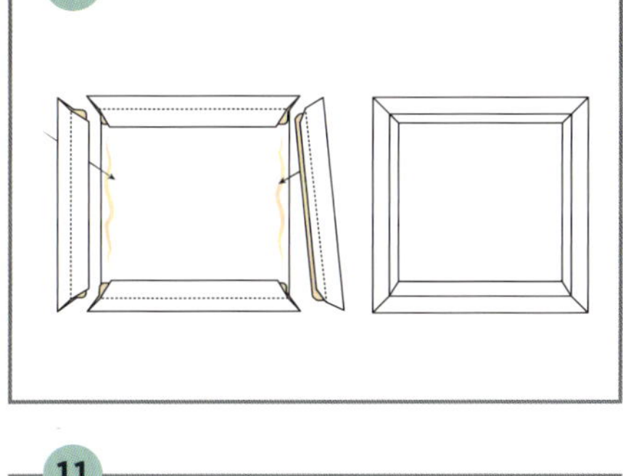

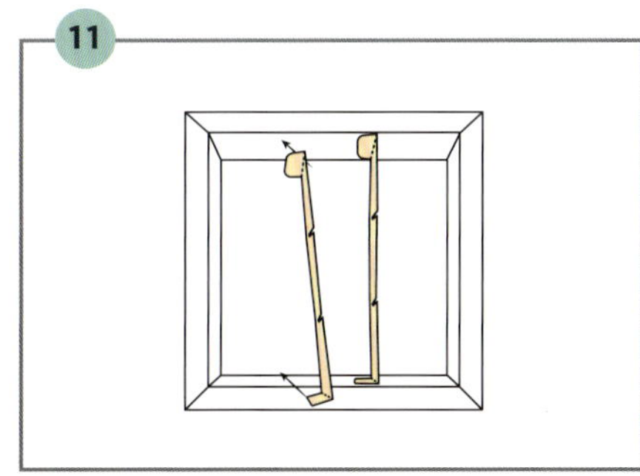

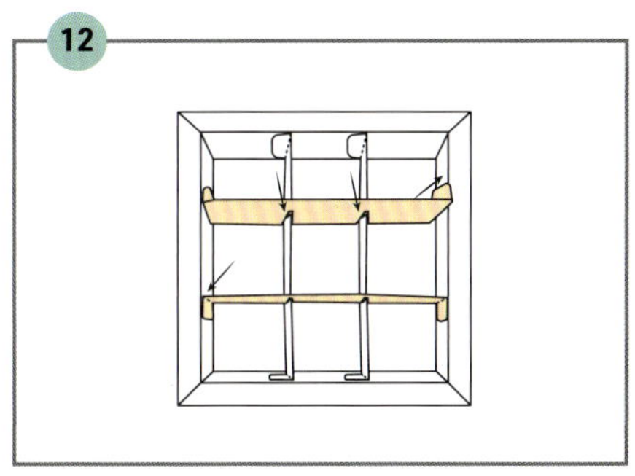

10. Die Teile E, F, G und H an die Bereiche E, F, G und H kleben.
11. Die Teile I an die Bereiche I kleben. Die Schlitze zeigen dabei nach oben.
12. Die Teile J an die Bereiche J kleben. Die Schlitze zeigen dabei nach unten und kommen in die anderen Schlitze. Nun noch die kleinen Boxen hineinstellen. Fertig!

Name:
Favorite Pokémon:
Favorite Subject:

PIKACHU-STIFTEBOX

SCHWIERIGKEITSGRAD

DU BRAUCHST:

- Bastelbogen, Seite 119–133
- Klebstoff
- transparentes Paketband (optional)
- Backpapier (optional)

In dieser Stiftebox kannst du zum Beispiel Bleistifte oder Kugelschreiber aufbewahren, aber auch kleine Dinge wie Radiergummis. Alles findet einen Platz. Es gibt sogar ein kleines Fach, in dem du Notizen, Zeichnungen oder ein paar Sammelkarten verstauen kannst.

ANLEITUNG

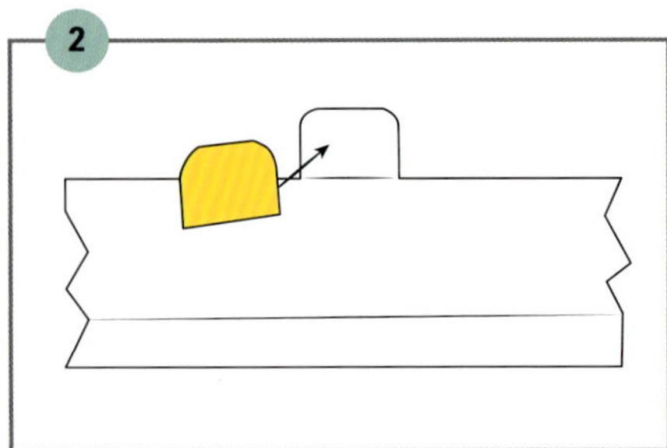

1. Die Teile für die Pikachu-Stiftebox heraustrennen.
2. Teil A auf den Bereich A an der Rückseite kleben.

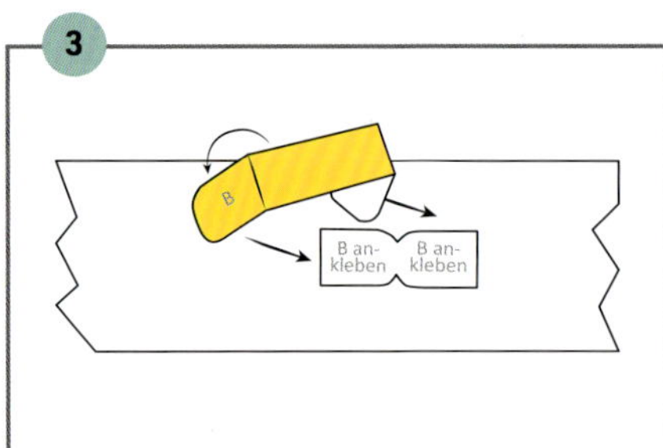

3. Teil B so falten, dass jede Lasche B an jedem Bereich B festgeklebt werden kann und ein kleines erhöhtes Rechteck entsteht.

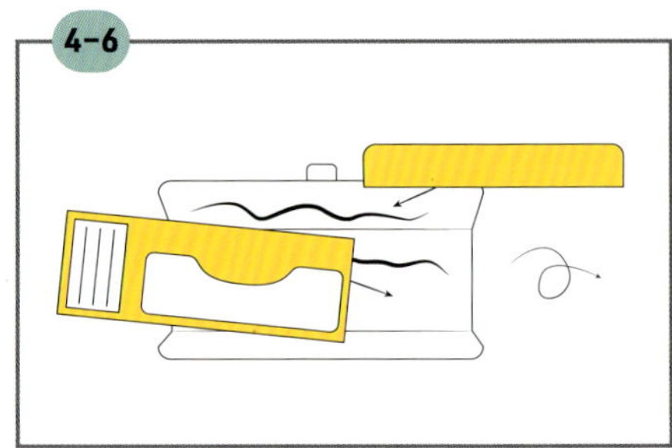

4. Teil C auf die Rückseite von Bereich C kleben.
5. Die Teile D an die Bereiche D kleben. Das ist das vordere Fach.
6. Teil E an Bereich E kleben. Das ist die Innenseite des Deckels.

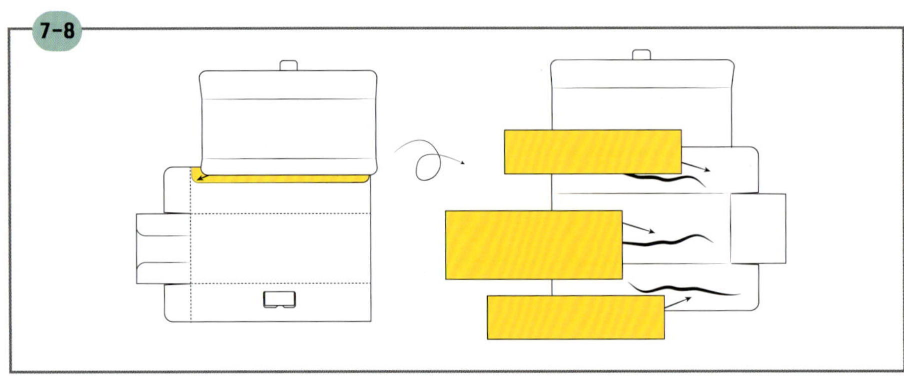

7. Die weiße Seite von Teil F an den Bereich F kleben, dann Teil G an den Bereich G im Inneren der Box kleben. Der Deckel nimmt schon langsam Form an.
8. Die Teile H und I auf die Bereiche H und I kleben.

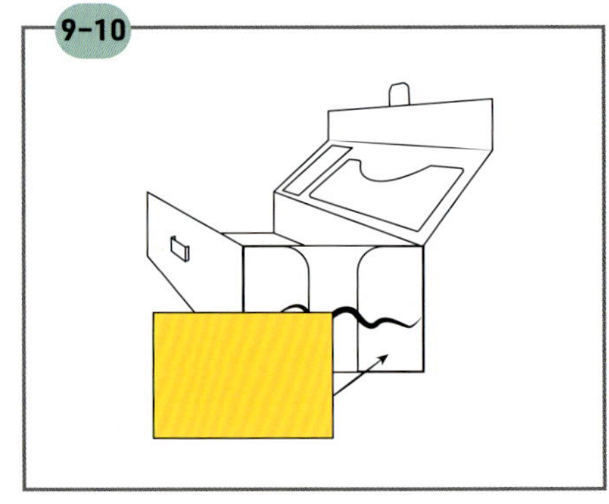

9. Die Box falten und die Laschen J an die Bereiche J kleben, um die Ecken zu bilden.
10. Das blaue Rechteck auf die Laschen J kleben.

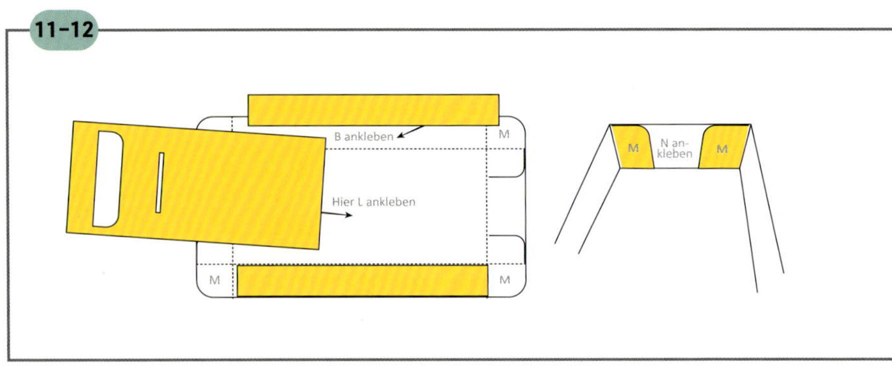

11. Den Stifteinsatz wie gezeigt falten und die Teile K und L an die Bereiche K und L kleben.
12. Die Laschen M falten und an die Bereiche M kleben. Dann die Laschen N falten und an die Bereiche N kleben.

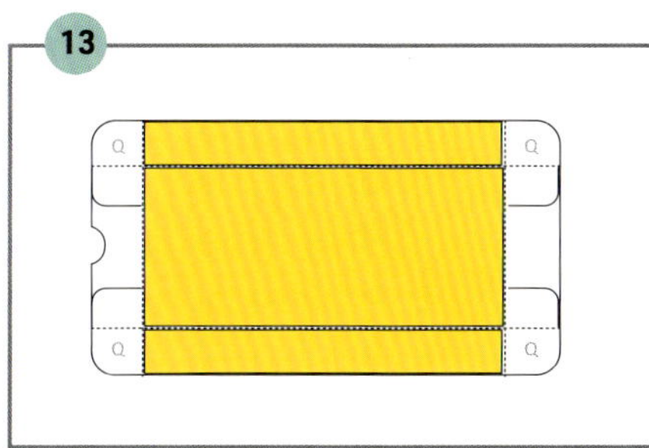

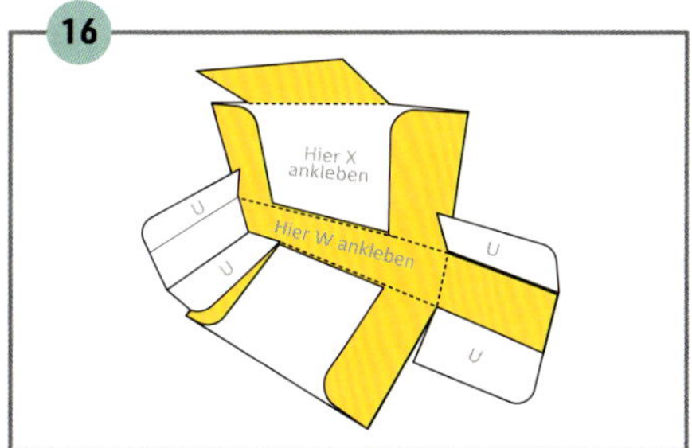

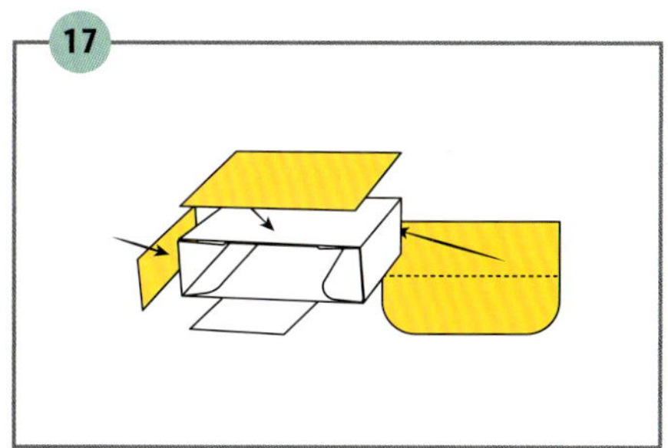

13. Die Teile O und P an die Bereiche O und P kleben.
14. Die Laschen Q falten und an die Bereiche Q kleben. Dann die Laschen R falten und an die Bereiche R kleben (siehe Schritt 12).
15. S und T an die Rückseiten der Bereiche S und T kleben.
16. Wie gezeigt falten und die Laschen U an die Bereiche U kleben. Das ist der Stiftehalter.
17. Mit den Teilen V, W und X die Bereiche V, W und X an der Außenseite der Box bekleben.

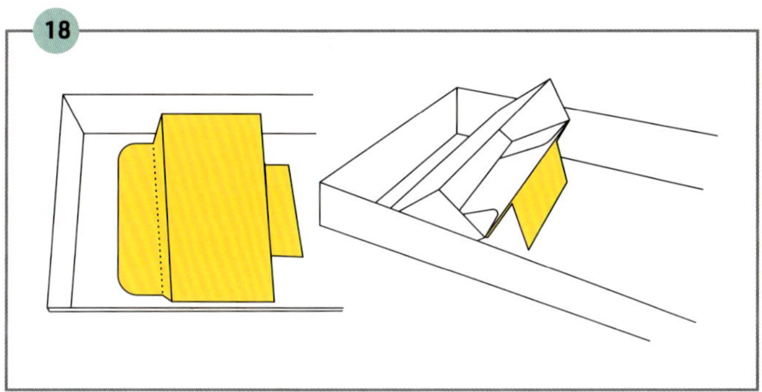

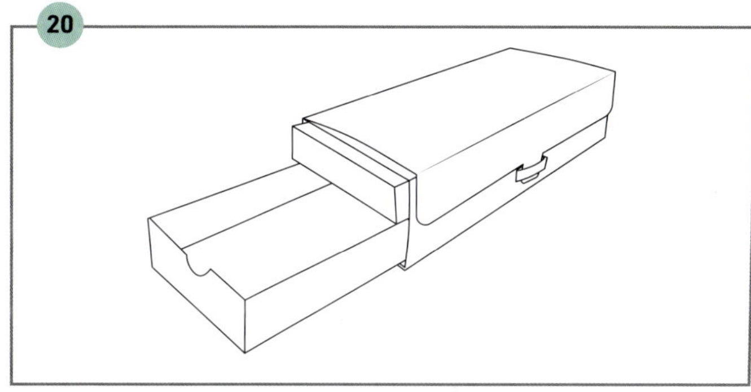

18. Lasche Y am Bereich Y festkleben, um den Stiftehalter an der Box zu befestigen.
19. Den oberen Einsatz an der Innenseite der Box festkleben. Die Seiten sollen dabei bündig mit den oberen Rändern abschließen. Darunter sollte sich das Fach befinden, in das die Schublade geschoben wird.
20. Die Schublade in das Fach unter dem Einsatz für die Stifte stecken.

OPTIONAL:

21. Um die Sticker zu machen, brauchst du Backpapier, transparentes Paketklebeband und die beiliegenden Pikachu-Vorlagen auf Seite 133. Alternativ kannst du natürlich auch deine eigenen Sticker entwerfen.
22. Ein Stück Backpapier ausschneiden. Es soll ein bisschen größer als ein Sticker sein.
23. Streifen vom Klebeband abschneiden und das Backpapier komplett damit bedecken. Achte darauf, dass sich die Streifen nicht überlappen und dass sie fest am Papier haften.
24. Die einzelnen Sticker ausschneiden. Einen Sticker auf das überklebte Backpapier legen (noch haftet er nicht). Du kannst auch mehrere Sticker gleichzeitig machen.
25. Den Sticker nun vorsichtig mit Streifen vom Klebeband bedecken. Die Klebestreifen sollen ein wenig über den Sticker hinausragen, sodass sie ihn auf dem darunterliegenden Backpapier fixieren.
26. Das Klebeband an den Rändern des Stickers fest glatt streichen. (Du kannst dafür ein Lineal oder etwas Ähnliches verwenden.)
27. Jeden Sticker ausschneiden und dabei mindestens einen halben Zentimeter Rand aus Klebeband um ihn herum stehen lassen.
28. Um den Sticker aufzukleben, einfach das Backpapier auf der Rückseite abziehen, sodass die Klebefläche des Paketbands zum Vorschein kommt. Nun kannst du den Sticker an die gewünschte Stelle kleben.

SCHIGGY-WACKELBILD

SCHWIERIGKEITSGRAD ⚡⚡

DU BRAUCHST:

- Bastelbogen, Seite 135–141
- Klebstoff

Schiggy hat viel Spaß. Auf dem Wackelbild, das du hier bastelst, kannst du zwei Szenen sehen. Je nachdem, ob du von links oder rechts darauf blickst, erkennst du die eine oder die andere.

ANLEITUNG

1. Trenne die Teile für das Schiggy-Wackelbild heraus.
2. Um den Rahmen zu bilden, die Laschen A, B, C und D an die dazugehörigen Bereiche kleben.
3. Lasche E wie gezeigt falten und an Bereich E kleben, sodass die dritte Seite des Rahmens entsteht.
4. Lasche F wie gezeigt falten und an Bereich F kleben.
5. Teil G an Bereich G kleben, um die vierte Seite des Rahmens zu bilden.
6. Das Zickzack-Teil mit den Klebebereichen L und M falten und erst die Laschen H, dann die Laschen I in den Rahmen stecken.
7. Auf die Klebeflächen J etwas Klebstoff auftragen.
8. Die Lasche K in die Ecke stecken, ankleben und dann festhalten, während der Klebstoff trocknet.
9. Die Streifen L und M auf die dazugehörigen Bereiche auf dem Zickzack-Teil kleben, um das Bild fertigzustellen.

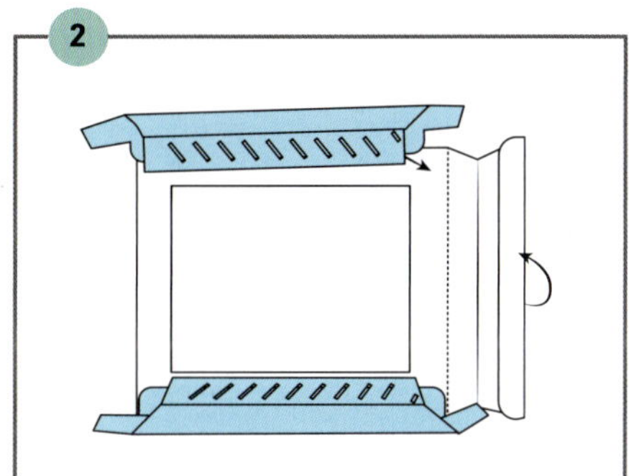

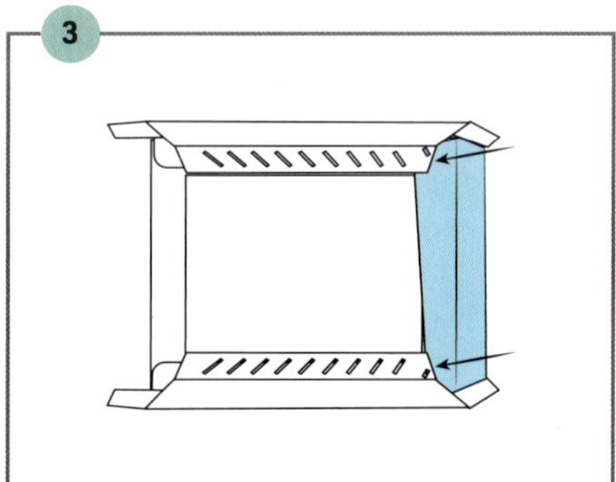

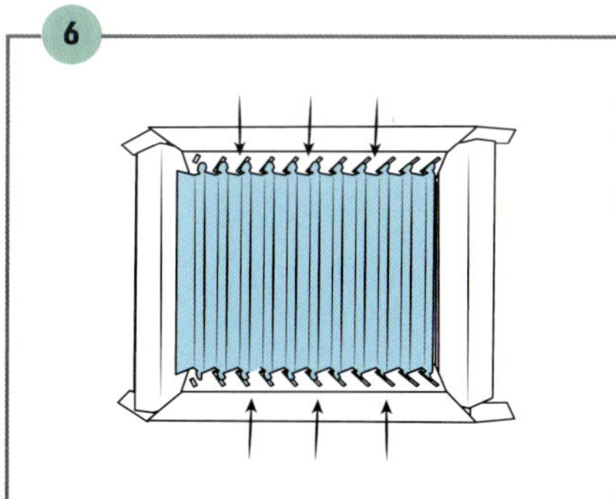

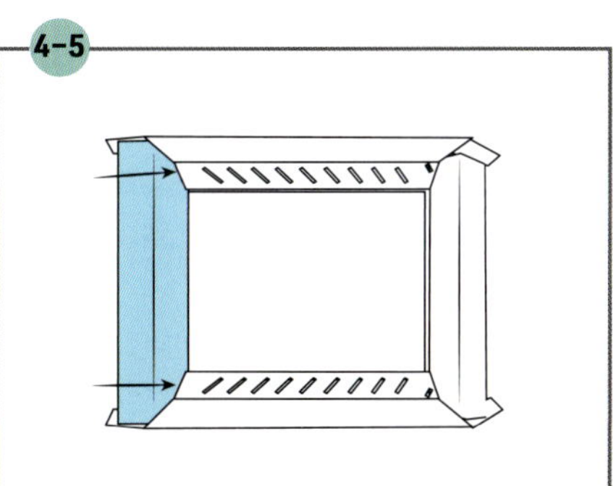

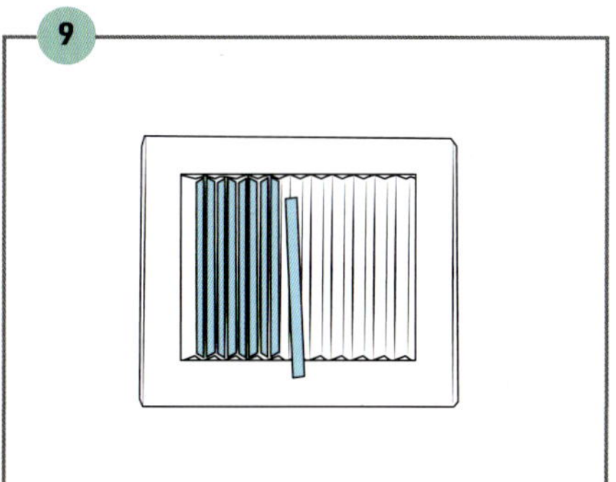

This Book
Belongs To:

POKÉMON-BUCHUMSCHLAG

SCHWIERIGKEITSGRAD ϟ

DU BRAUCHST:

- Bastelbogen, Seite 143–153
- große braune Papiertüte
- Klebstoff
- transparentes Paketband (optional)
- Backpapier (optional)

Dieser Umschlag schützt deine Bücher vor Flecken und Kratzern. Du kannst ihn auch verzieren, etwa mit Stickern oder Zeichnungen. Schreib deinen Namen darauf und vielleicht den Titel des Buchs, das sich darin befindet. In der Ecke kannst du sogar ein Pokémon verstecken, um deine Freunde zu überraschen.

ANLEITUNG

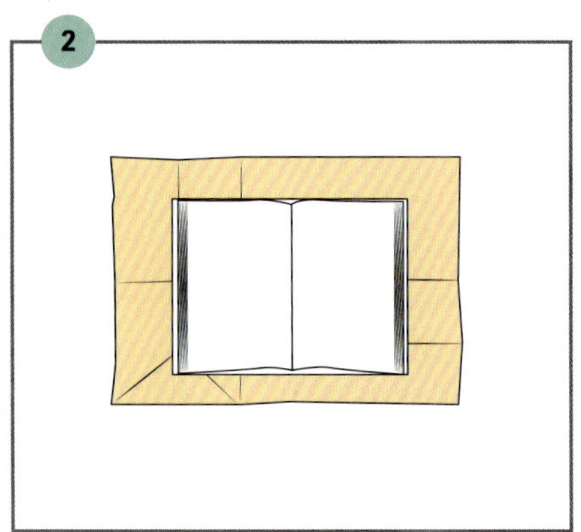

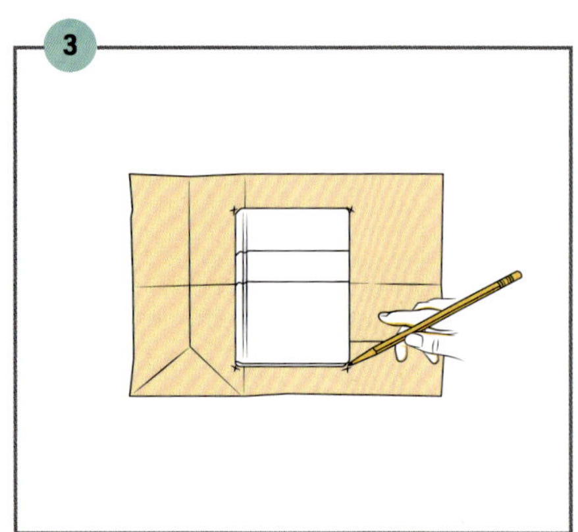

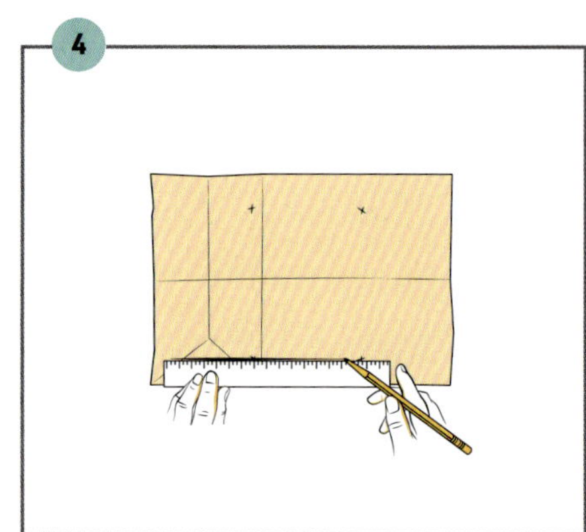

1. Die Teile für den Pokémon-Buchumschlag heraustrennen.
2. Für den Umschlag eine braune Papiertüte an einer Seite aufschneiden und flach ausbreiten. Das aufgeklappte Buch darauflegen. Die Tüte muss so groß sein, dass rings um das Buch 5 bis 10 cm Papier überstehen.
3. Das Buch zuklappen und in die Mitte des Papiers rücken. Mit einem Bleistift die vier Ecken auf dem Papier einzeichnen.
4. Mit einem Lineal eine gerade Linie zwischen den beiden unteren Ecken ziehen und sie dann auf beiden Seiten zu den Rändern hin verlängern. Das Gleiche mit den oberen zwei Ecken machen.

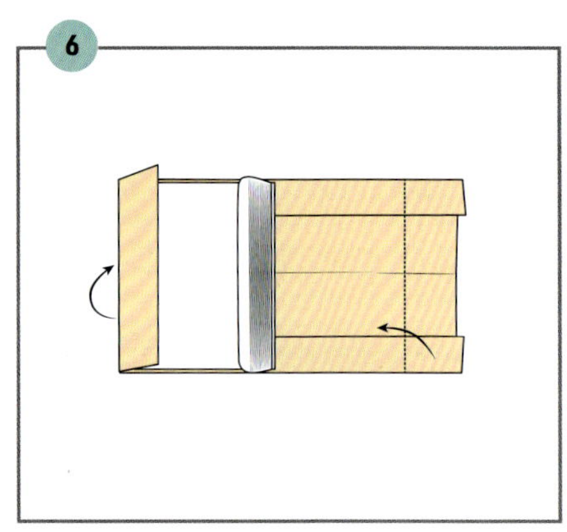

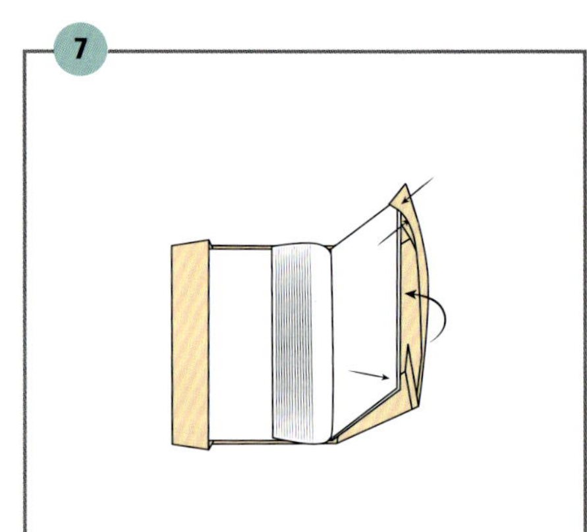

5. Den oberen und den unteren Rand entlang der gezeichneten Linien nach innen falten.
6. Das Buch auf das Papier legen und den vorderen Buchdeckel öffnen. Die linke Seite des Papiers um den Buchdeckel legen und so einschlagen, dass auf der Innenseite ein 5 bis 10 cm breiter Rand bleibt. Das Gleiche mit dem hinteren Buchdeckel machen.
7. Die nach innen gefalteten Randstreifen bilden die Laschen des Umschlags für den vorderen und hinteren Buchdeckel.

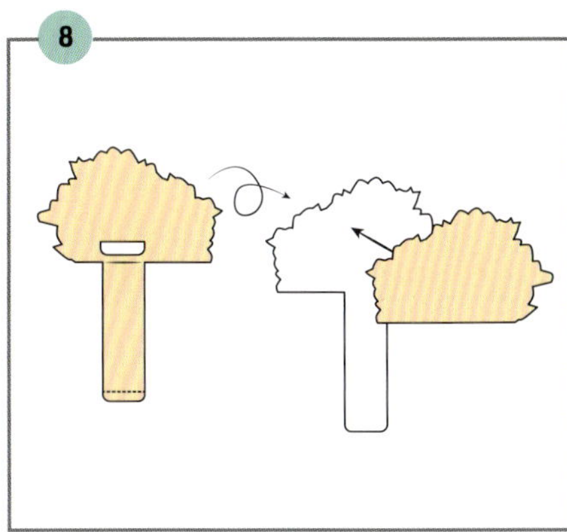

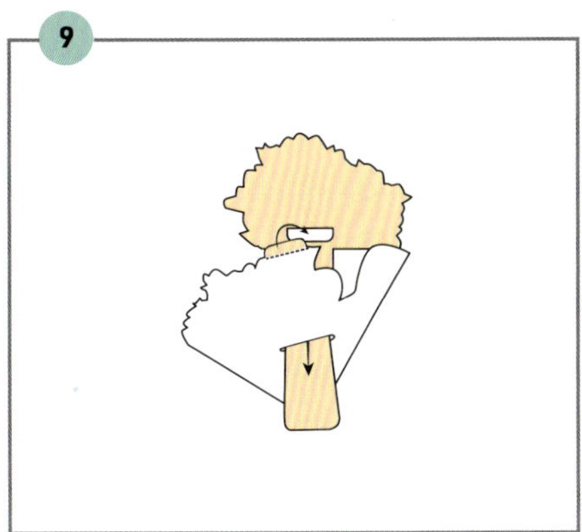

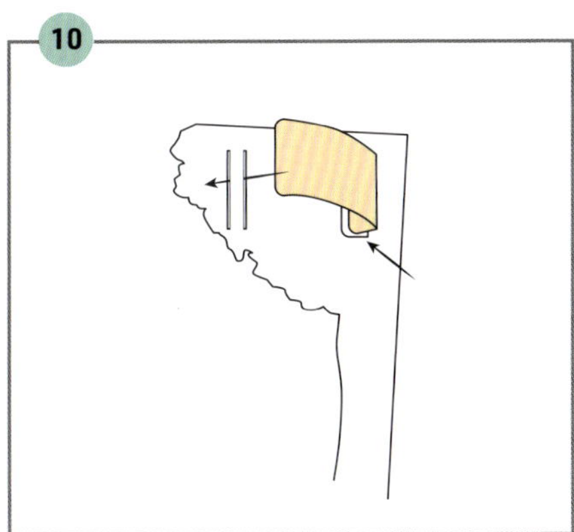

8. Nun wird der Umschlag verziert. Teil A auf die Rückseite von Bereich A kleben.

9. Die Lasche durch den eingezeichneten Schlitz stecken und Lasche B auf Bereich B kleben.

10. Lasche C an Bereich C kleben. Durch die eingezeichneten Schlitze stecken, um sie zu fixieren.

11. Das Schiebeteil mit Evoli oder Smettbo in die linke untere Ecke des Umschlags kleben. Achte darauf, nur an den gekennzeichneten Rändern zu kleben.

12. Das Namensschild in die rechte obere Ecke des Umschlags kleben.

13. Wenn du möchtest, kannst du den Umschlag noch weiter verzieren, zum Beispiel mit selbst gebastelten Stickern. Die Anleitung dazu findest du auf Seite 33, Schritt 21 bis 28.

AUFSTELLER MIT PALDEA-POKÉMON

SCHWIERIGKEITSGRAD

DU BRAUCHST:

- Bastelbogen, Seite 155–165
- Klebstoff

Wenn neue Trainer ihre Reise in der Paldea-Region beginnen und sich ein erstes Partner-Pokémon aussuchen, können sie zwischen Felori, Krokel und Kwaks wählen. Bei diesem Projekt musst du dich aber nicht für ein Pokémon entscheiden – du kannst alle drei haben und in deinem Zimmer aufstellen. Wenn du möchtest, kannst du sie auch problemlos überallhin mitnehmen.

ANLEITUNG

1. Die Teile für den Aufsteller mit Paldea-Pokémon heraustrennen.
2. Die Teile A bis H auf die Rückseiten ihrer dazugehörigen Gegenstücke kleben, sodass beide Seiten bunt bedruckt sind.
3. Die Teile für den Zusammenbau ordnen: Teile A, B, C und D stehen hintereinander; Teil D bildet die Vorderseite des Aufstellers. Teile E, F, G und H liegen übereinander und werden mit den Teilen A, B, C und D zusammengesteckt; Teil E ist dabei rechts vorn.
4. Die Teile nun von hinten nach vorn zusammenfügen: Die Teile H, G, F und E wie gezeigt in die Teile D, C, B und A stecken. Die Laschen dabei an den markierten Stellen falten, um die Teile zu fixieren.

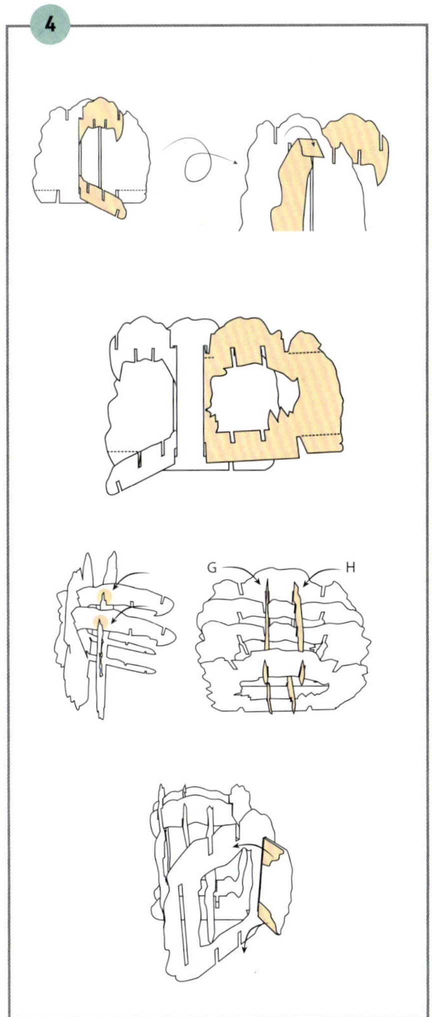

CHOREOGEL-KARUSSELL

SCHWIERIGKEITSGRAD ⚡⚡⚡

DU BRAUCHST:

- Bastelbogen, Seite 167–175
- Klebstoff

Choreogel ist ein Tanz-Pokémon und kann sich in eine von vier Formen verwandeln, je nachdem, welchen Nektar es zuletzt geschlürft hat. In diesem Projekt bastelst du ein Karussell, das alle vier Varianten zeigt: Flamenco-Stil, Hula-Stil, Cheerleading-Stil und Buyo-Stil. Das Karussell kann sich sogar drehen, sodass du die Choreogel tanzen siehst!

ANLEITUNG

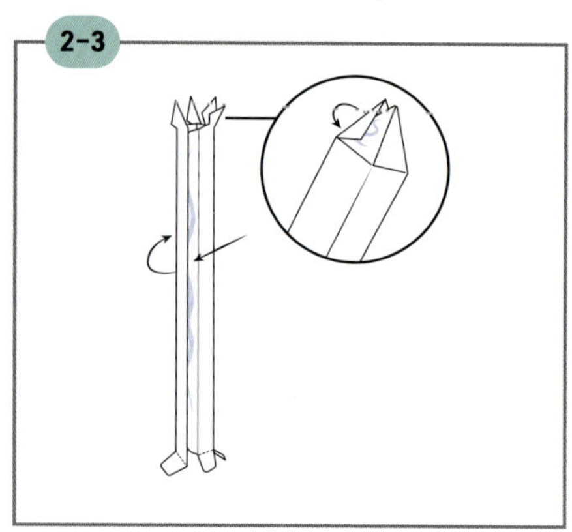

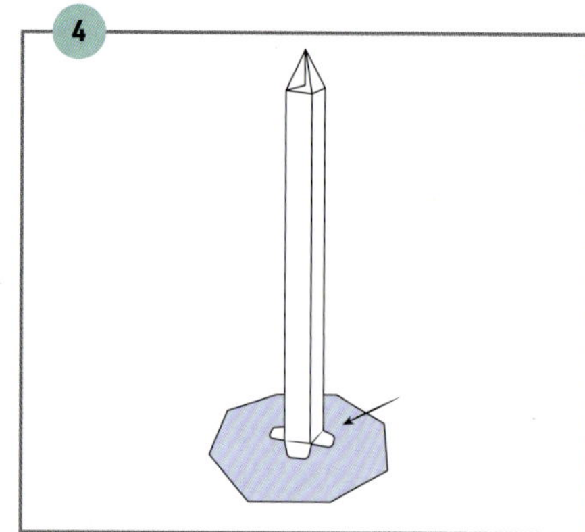

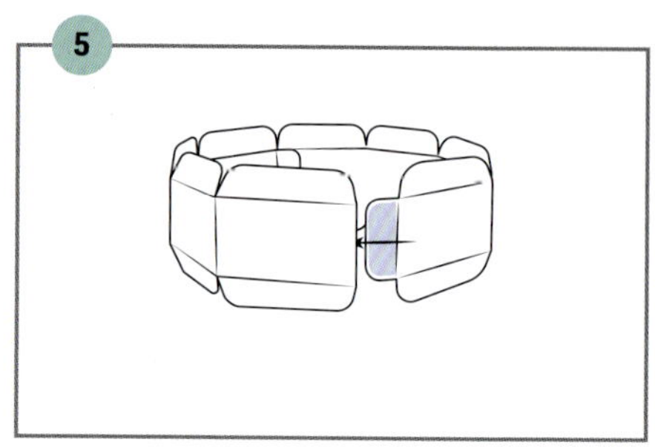

1. Die Teile für das Choreogel-Karussell heraustrennen.
2. Aus dem Teil mit dem Pokéball-Muster eine viereckige Stütze falten. Lasche A an den Bereich A kleben.
3. Die Dreiecke oben zu einer Spitze falten und festkleben.
4. Die Laschen B auf die Bereiche B am Oberteil des Sockels kleben.
5. Die Laschen C an die Bereiche C kleben. Das ist die Verkleidung des Sockels.
6. Die Laschen D an die Bereiche D auf dem Unterteil des Sockels kleben.
7. Den oberen Teil des Sockels auf die Stütze stecken, dann die Laschen E an die Bereiche E kleben.
8. Die Lasche F auf Bereich F kleben. Das ist das Dach des Karussells.
9. Die Teile K flach hinlegen.

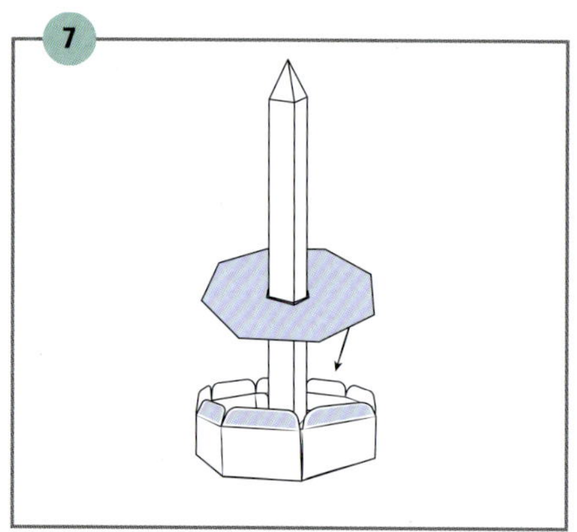

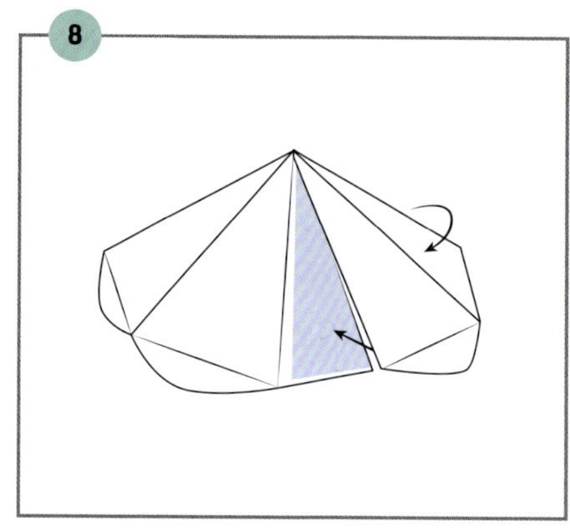

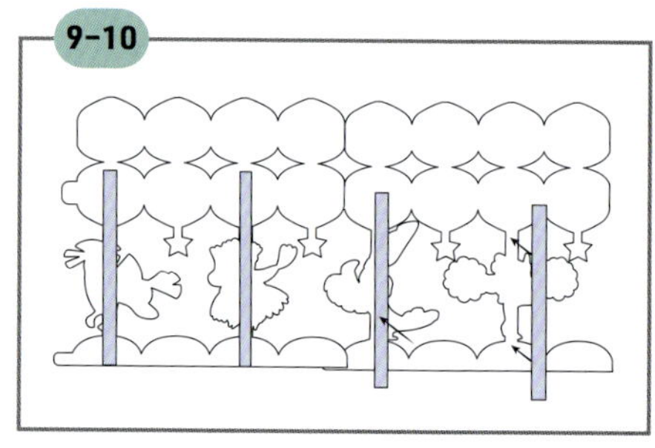

10. Die vier kleinen Stützen I falten und jeweils zusammenkleben. Dann an der Rückseite die Teile K so auf die Bereiche I kleben, dass die bedruckten Seiten der kleinen Stützen I nach außen zeigen.
11. Die Oberseiten der Teile K entlang der eingezeichneten Linien falten. Dann die Laschen G und H an die Bereiche G und H kleben. Das ist der runde Innenteil des Karussells.
12. Um das Dach zu befestigen, die Laschen J an die Bereiche J kleben.
13. Um den Boden zu befestigen, die Laschen K an die Bereiche K kleben.
14. Das Karussell auf die große Stütze in der Mitte stecken.

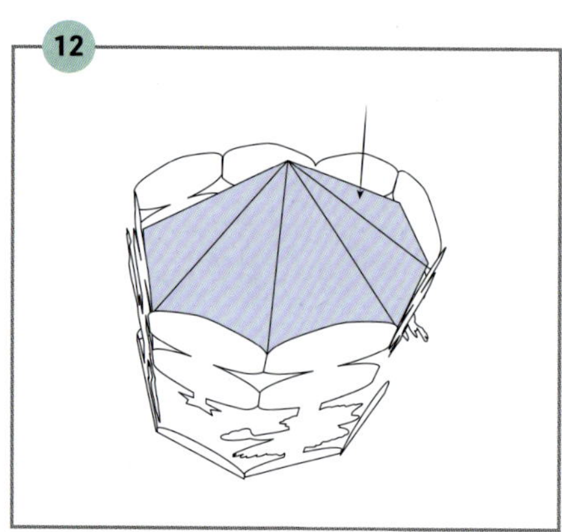

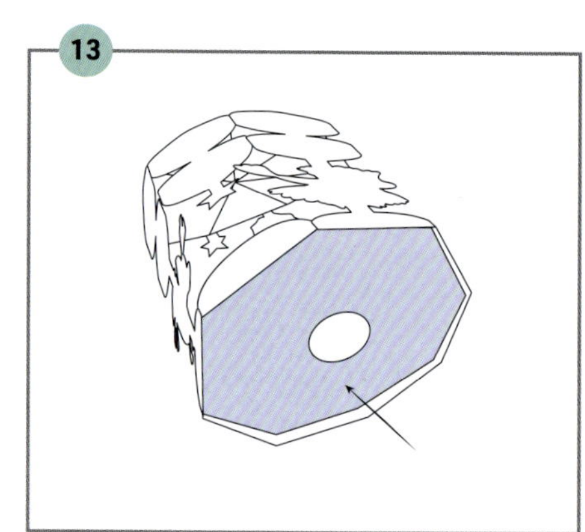

BASTELBOGEN

Wenn du ein Projekt aus diesem Buch basteln möchtest, trenne die dafür benötigten Teile auf den Bastelbogen vorsichtig heraus – und zwar am besten erst dann, wenn du sie brauchst. Merke dir gut, welches Teil mit welchem Buchstaben bezeichnet ist. Die gepunkteten Linien zeigen dir, wo du das Papier falten musst, bevor du es verwendest.

TIPP: Mache von jeder Bastelbogenseite ein Foto oder eine Kopie, bevor du die Teile heraustrennst. Dann kannst du immer nachschauen, welches Teil zu welchem Buchstaben gehört.

Bisasam-Klappkarte

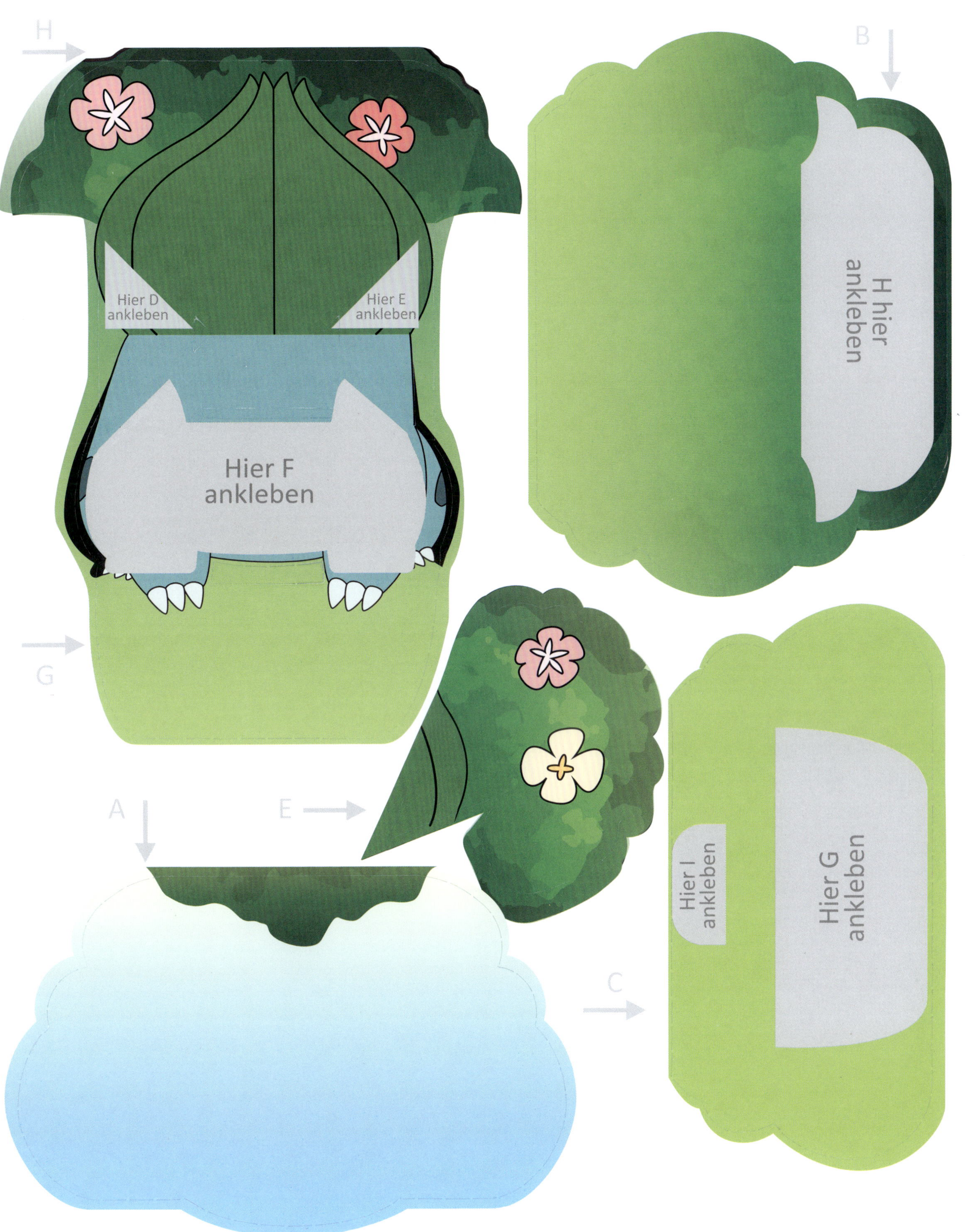
H
B
Hier D
ankleben
Hier E
ankleben
H hier
ankleben
Hier F
ankleben
G
A
E
Hier I
ankleben
Hier G
ankleben
C

Hier B
ankleben
Hier C
ankleben
Hier D
ankleben
Hier E
ankleben

Teil A
Teil F
Teil G
Hier A
ankleben
Teil B
Hier F
ankleben
Hier G
ankleben
C
C
Teil H
Hier H
ankleben
E

Hier B
ankleben
Hier C
ankleben
Hier D
ankleben
Hier E ankleben

Teil B
Hier A
ankleben
Hier F
ankleben
C
Hier G
ankleben
D
Hier H
ankleben
E
Teil F
Teil A
Teil H
Teil G

Hier B
ankleben
Hier C
ankleben
Hier D
ankleben
Hier E
ankleben

Teil A
Teil G
Hier A ankleben
Teil B
Hier F ankleben
C
Hier G ankleben
D
Teil F
Hier H ankleben
E
Teil H

Hier A + B ankleben
Hier G ankleben
Hier E ankleben
Hier H ankleben
Hier C ankleben
Hier D ankleben
Hier F ankleben
Y ankleben
Y ankleben
Y (rechts)
Y (links)
C
X
X
G
E
D
F
W
W
A
B
C
Z

Auf Z kleben
Z
H
H

X
X
W
W
Hier L an- kleben
L
Hier S ankleben
Hier T ankleben
Hier N ankleben
N
M
Hier M ankleben
V
U
S
T
Hier J ankleben
Hier K ankleben
J
K
P
O
Q
R
Hier Q ankleben
Hier R ankleben
I
Hier I ankleben
O
P

Hier D ankleben
Hier D ankleben
Hier D ankleben
D
D
C
C
B
B
A
Hier B ankleben
Hier B ankleben
Hier C ankleben
Hier C ankleben
An der Rückseite A ankleben
An der Rückseite A ankleben

Hier G1 ankleben
Hier E ankleben
Hier F1 ankleben
Hier G2 ankleben
Hier F2 ankleben
E
G1
F1
G2
F2

Diese Fläche auf eine Linie mit
dem Knopfbereich am äußeren
Teil bringen.

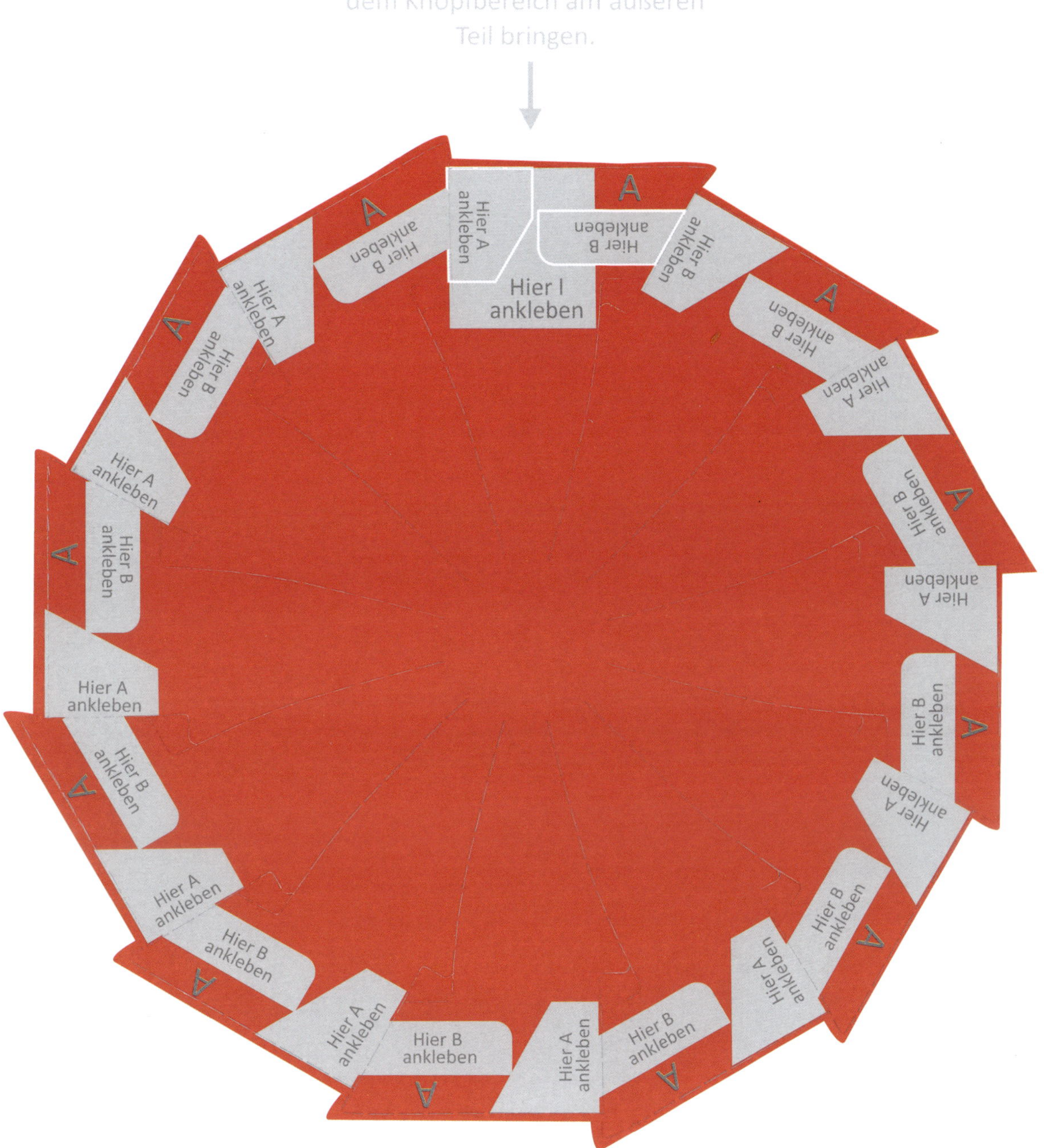

Hinweis: Bei diesen Teilen werden sich die einzelnen Elemente ein Stück überlappen. Die Laschen B liegen dann zum Teil über den Laschen A, und der Teil I überlappt an einer Stelle A und B.

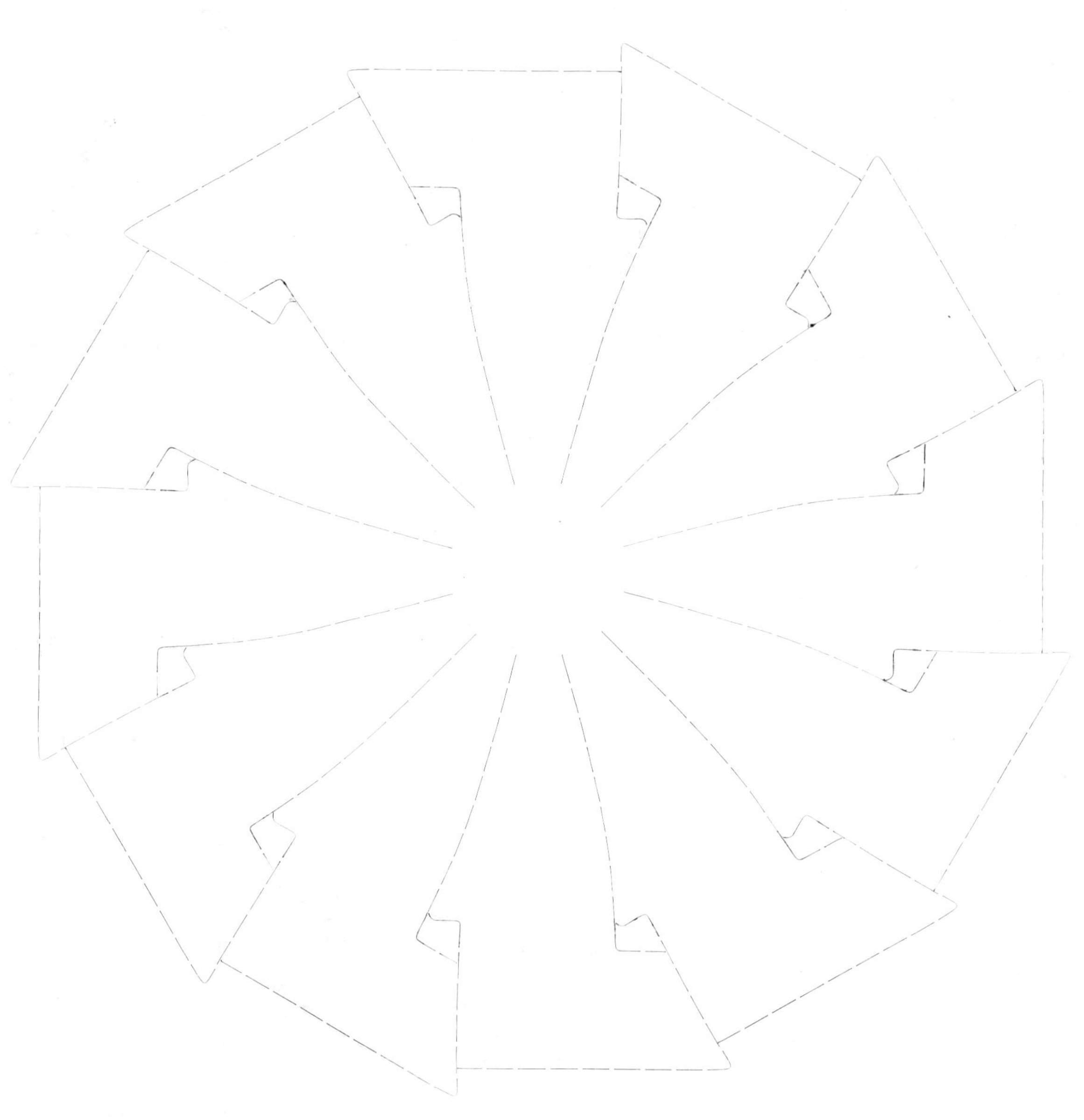

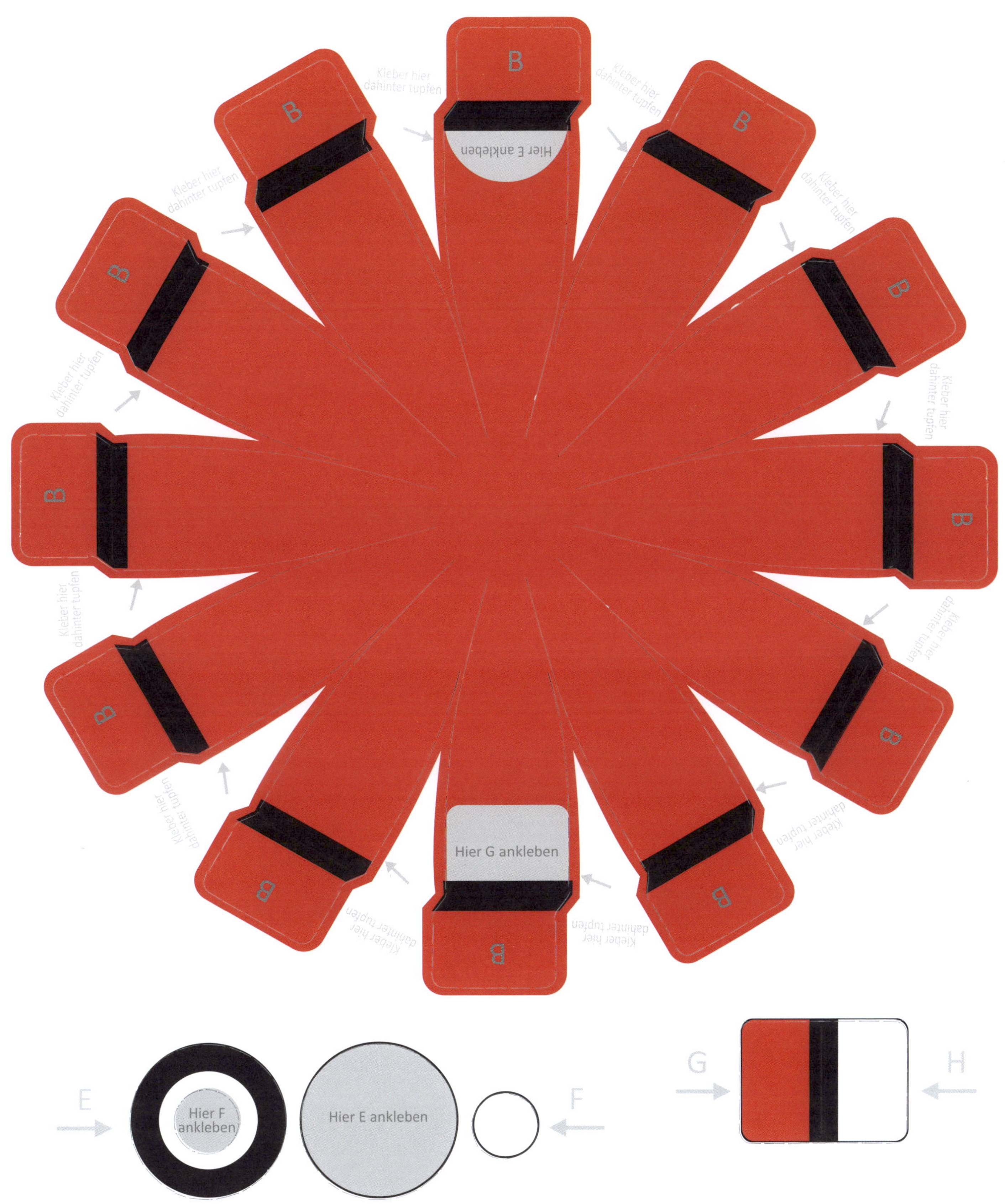

E

Hier F ankleben

Hier E ankleben

F

G

H

Hier C ankleben
Hier J ankleben
Hier C ankleben
Hier J ankleben
Hier C ankleben
C
Hier D ankleben
Hier C ankleben
C
Hier D ankleben
C
Hier D ankleben
Hier C ankleben
Hier C ankleben
Hier C ankleben
C
Hier D ankleben
Hier C ankleben
C
Hier D ankleben
Hier C ankleben
C
Hier D ankleben
Hier C ankleben
C
Hier D ankleben
Hier C ankleben
C
Hier D ankleben
Hier C ankleben
C
Hier D ankleben
Hier C ankleben
C
Hier D ankleben
Hier C ankleben
C
Hier D ankleben
J
J
I
Rückseiten aneinanderkleben

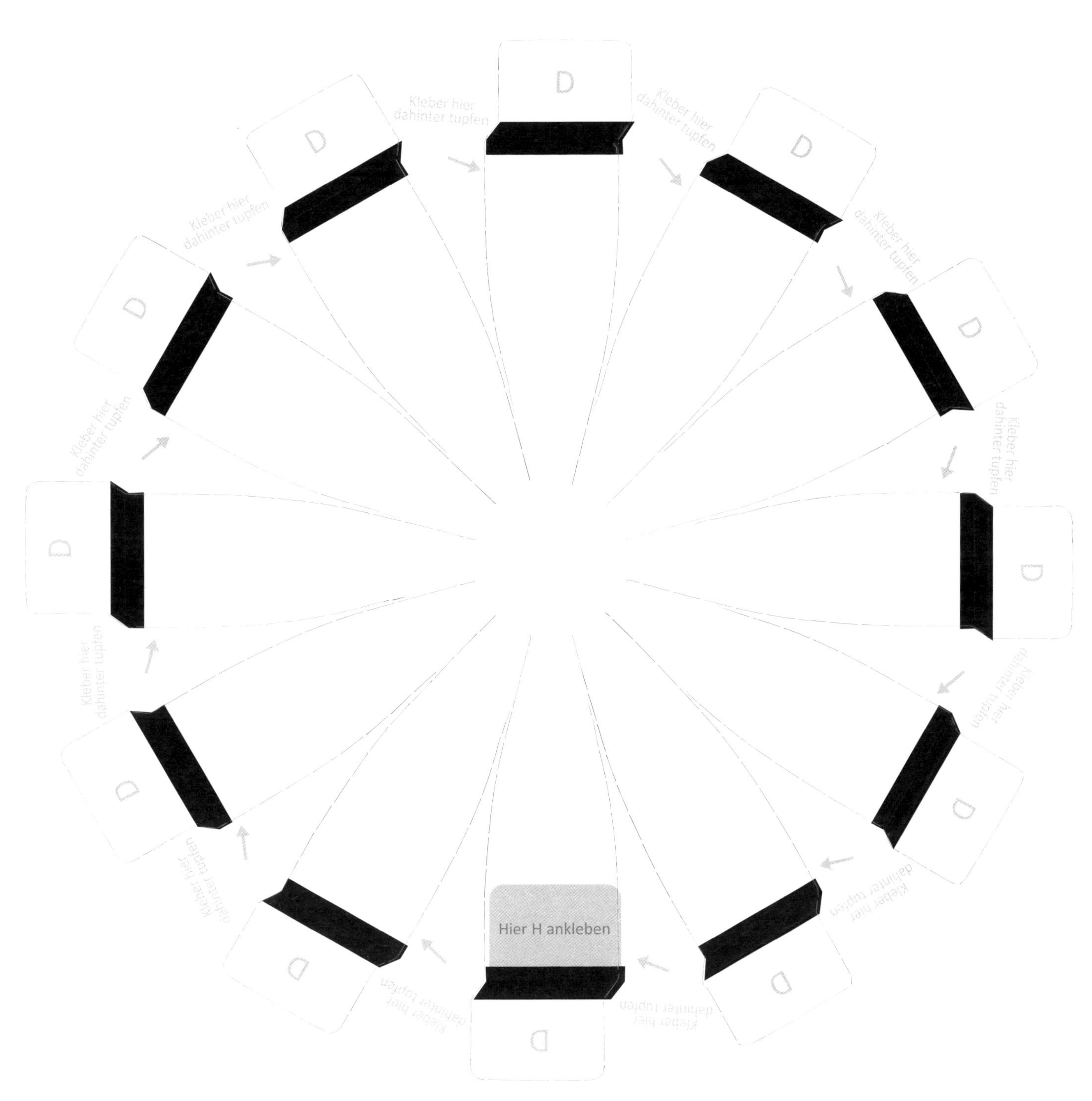
D
Kleber hier dahinter tupfen
Hier H ankleben

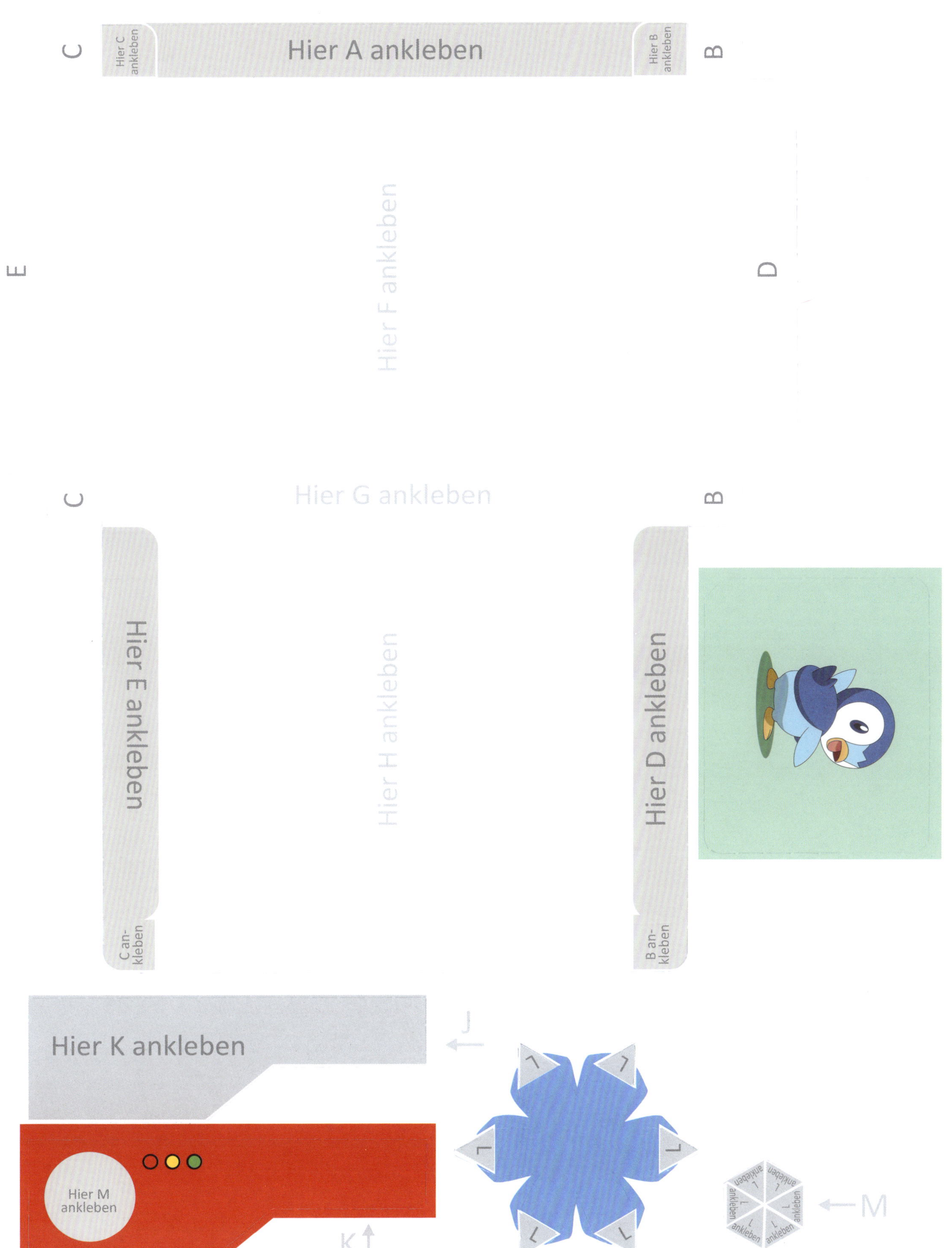
Hier A ankleben
Hier C ankleben
Hier B ankleben
C
B
E
D
Hier F ankleben
Hier G ankleben
Hier E ankleben
Hier H ankleben
Hier D ankleben
C an-kleben
B an-kleben
Hier K ankleben
Hier M ankleben
K
M

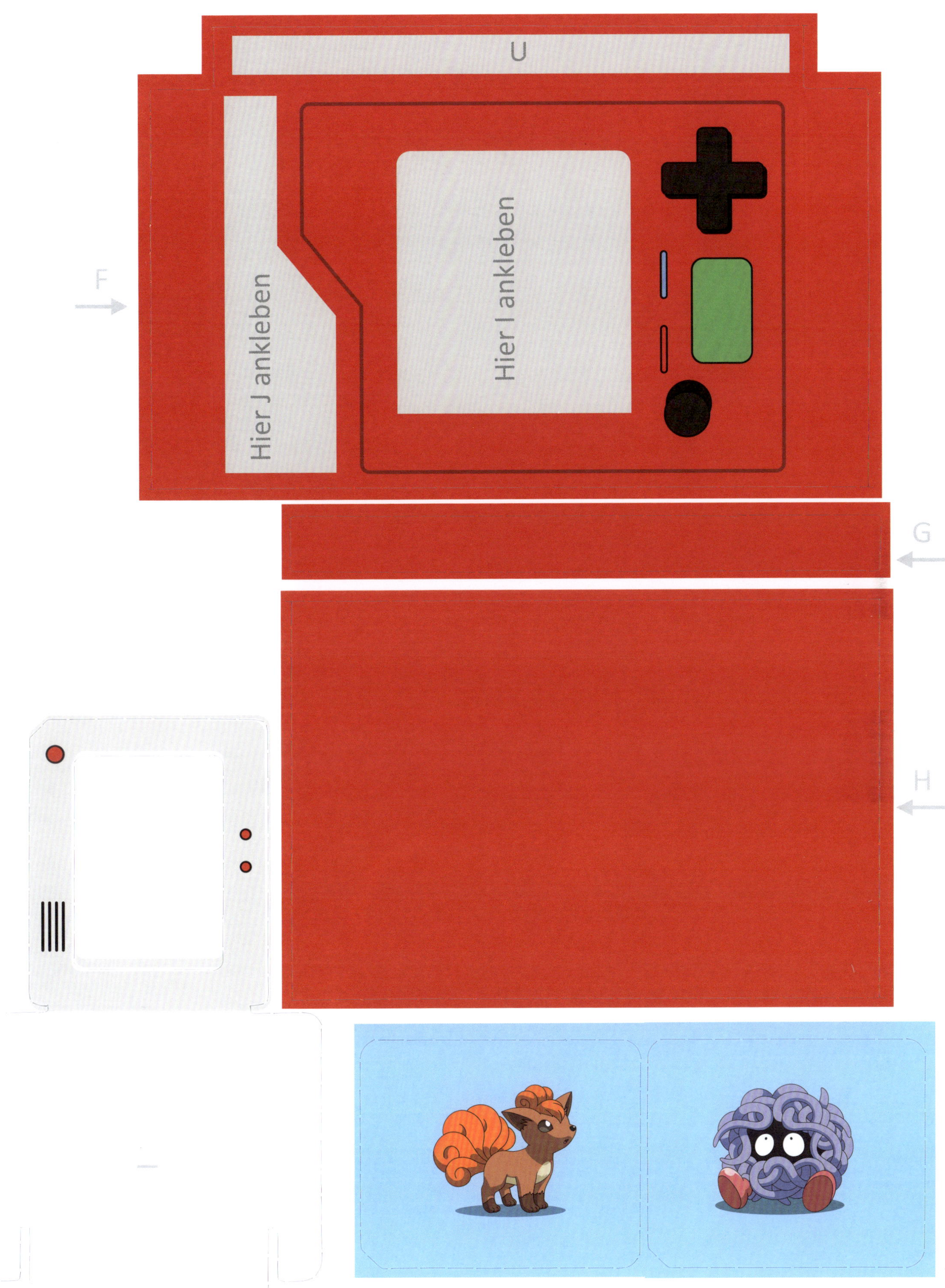
U
F
Hier J ankleben
Hier I ankleben
G
H

O
Q
O ankleben
Hier Q ankleben
Hier U ankleben
S
O ankleben
P
T
R
Hier T ankleben
S
Hier T ankleben
Hier S ankleben
Hier R ankleben
Hier T ankleben

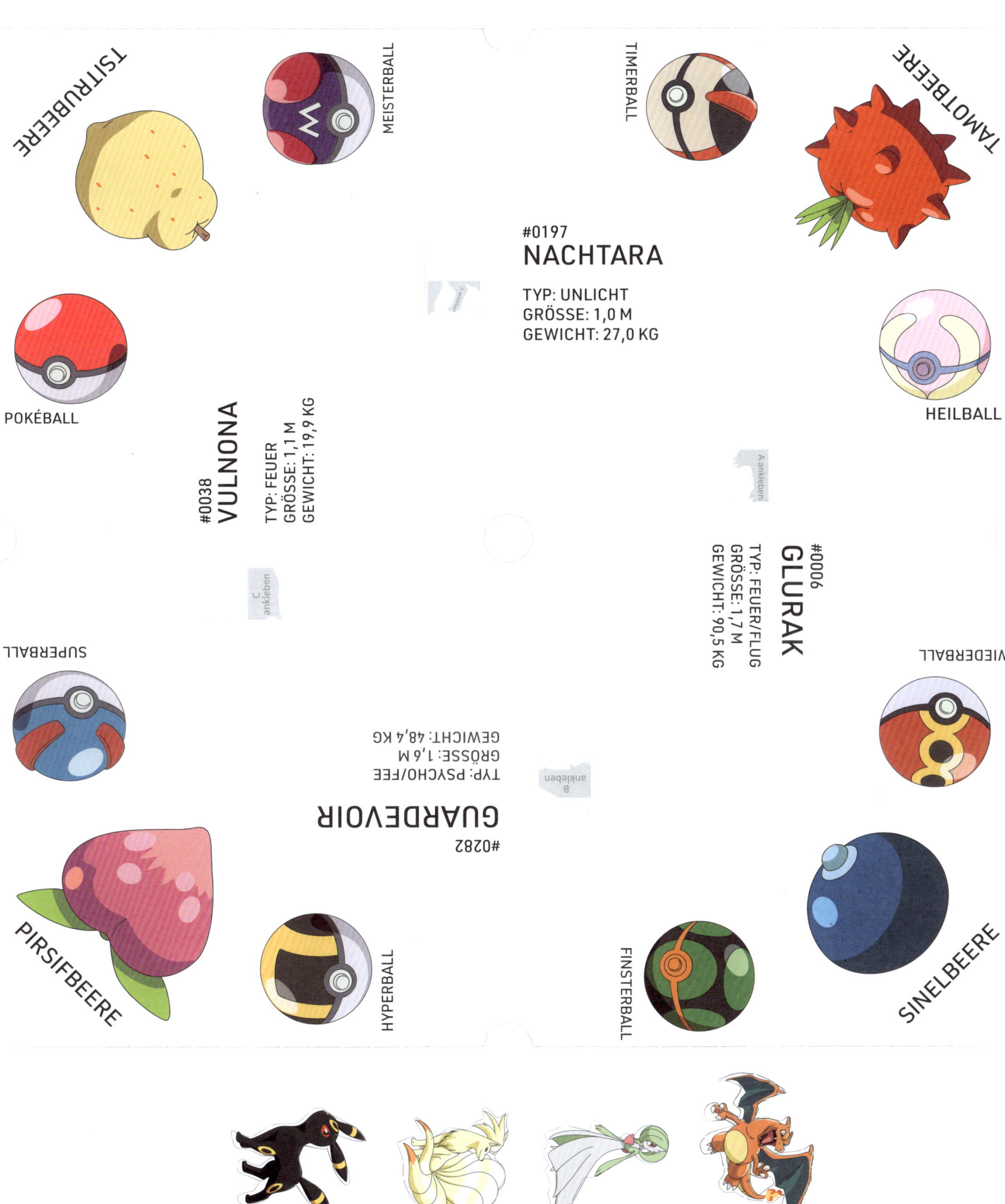
TSITRUBEERE
MEISTERBALL
TIMERBALL
TAMOTBEERE
#0197
NACHTARA
TYP: UNLICHT
GRÖSSE: 1,0 M
GEWICHT: 27,0 KG
POKÉBALL
HEILBALL
#0038
VULNONA
TYP: FEUER
GRÖSSE: 1,1 M
GEWICHT: 19,9 KG
A ankleben
#0006
GLURAK
TYP: FEUER/FLUG
GRÖSSE: 1,7 M
GEWICHT: 90,5 KG
C ankleben
SUPERBALL
WIEDERBALL
#0282
GUARDEVOIR
TYP: PSYCHO/FEE
GRÖSSE: 1,6 M
GEWICHT: 48,4 KG
B ankleben
PIRSIFBEERE
HYPERBALL
FINSTERBALL
SINELBEERE
D
C
B
A

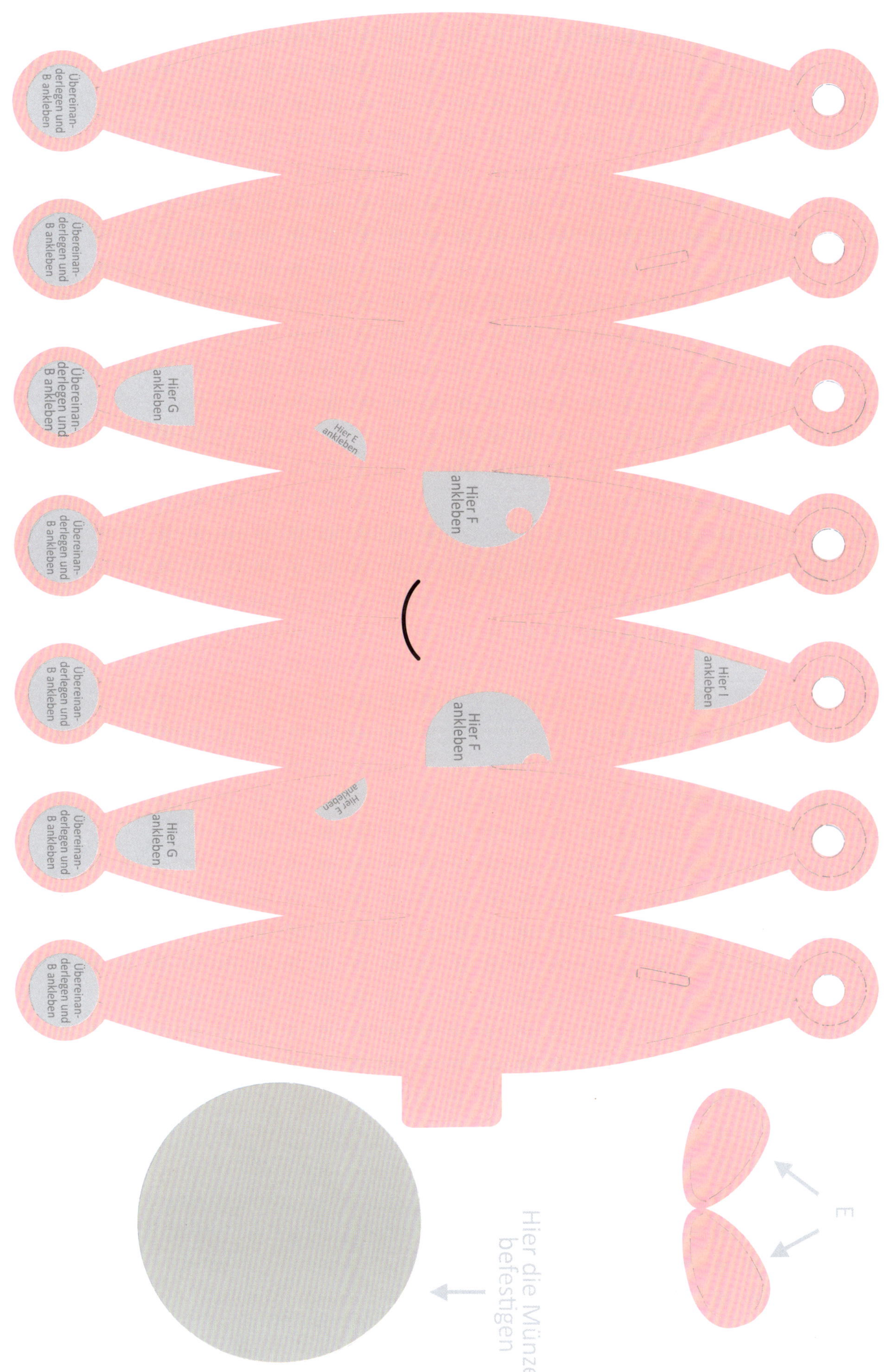
Übereinan-
derlegen und
B ankleben
Übereinan-
derlegen und
B ankleben
Übereinan-
derlegen und
B ankleben
Hier G
ankleben
Hier E
ankleben
Hier F
ankleben
Übereinan-
derlegen und
B ankleben
Übereinan-
derlegen und
B ankleben
Hier I
ankleben
Hier F
ankleben
Übereinan-
derlegen und
B ankleben
Hier G
ankleben
Hier E
ankleben
Übereinan-
derlegen und
B ankleben
E
Hier die Münze
befestigen

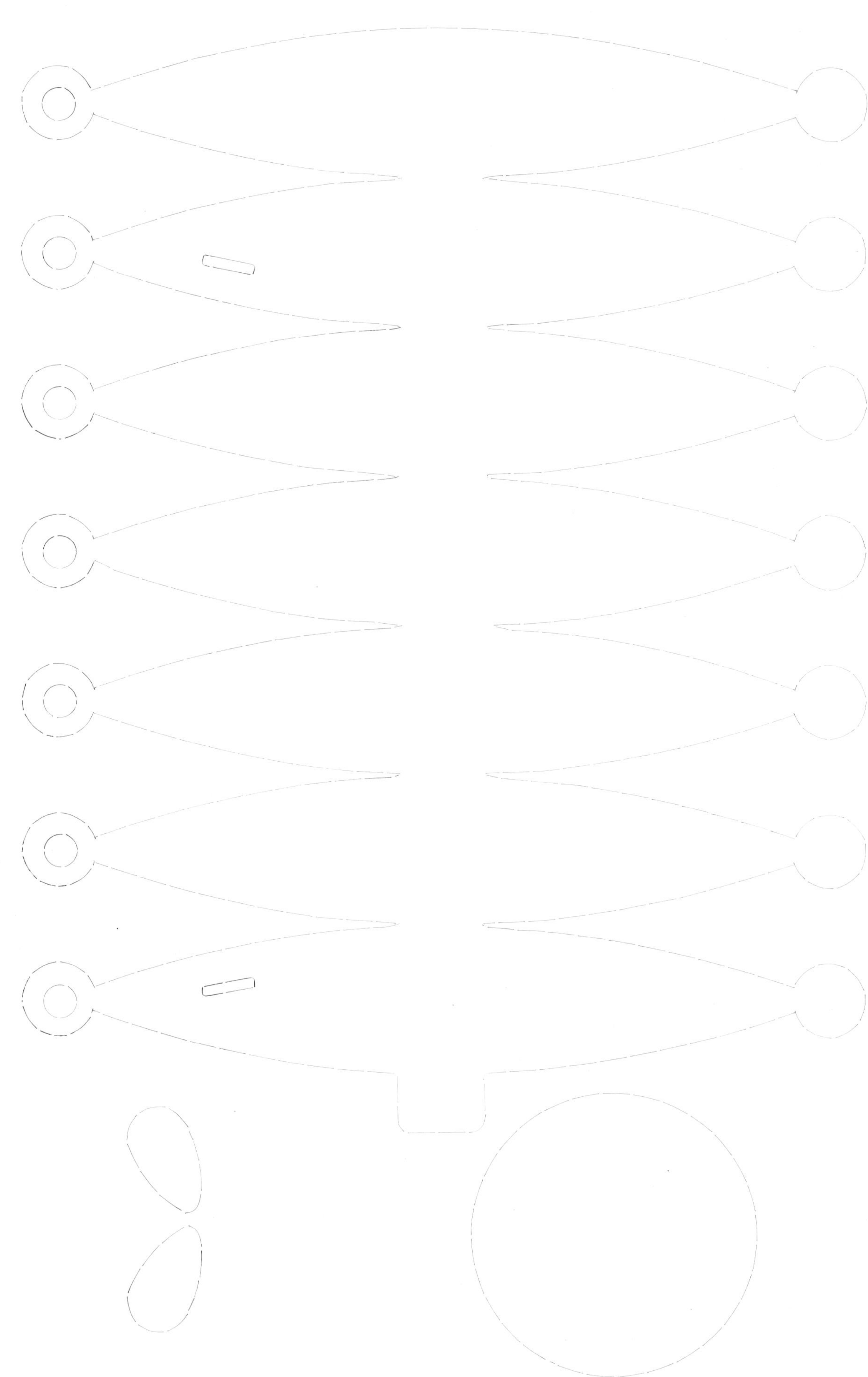

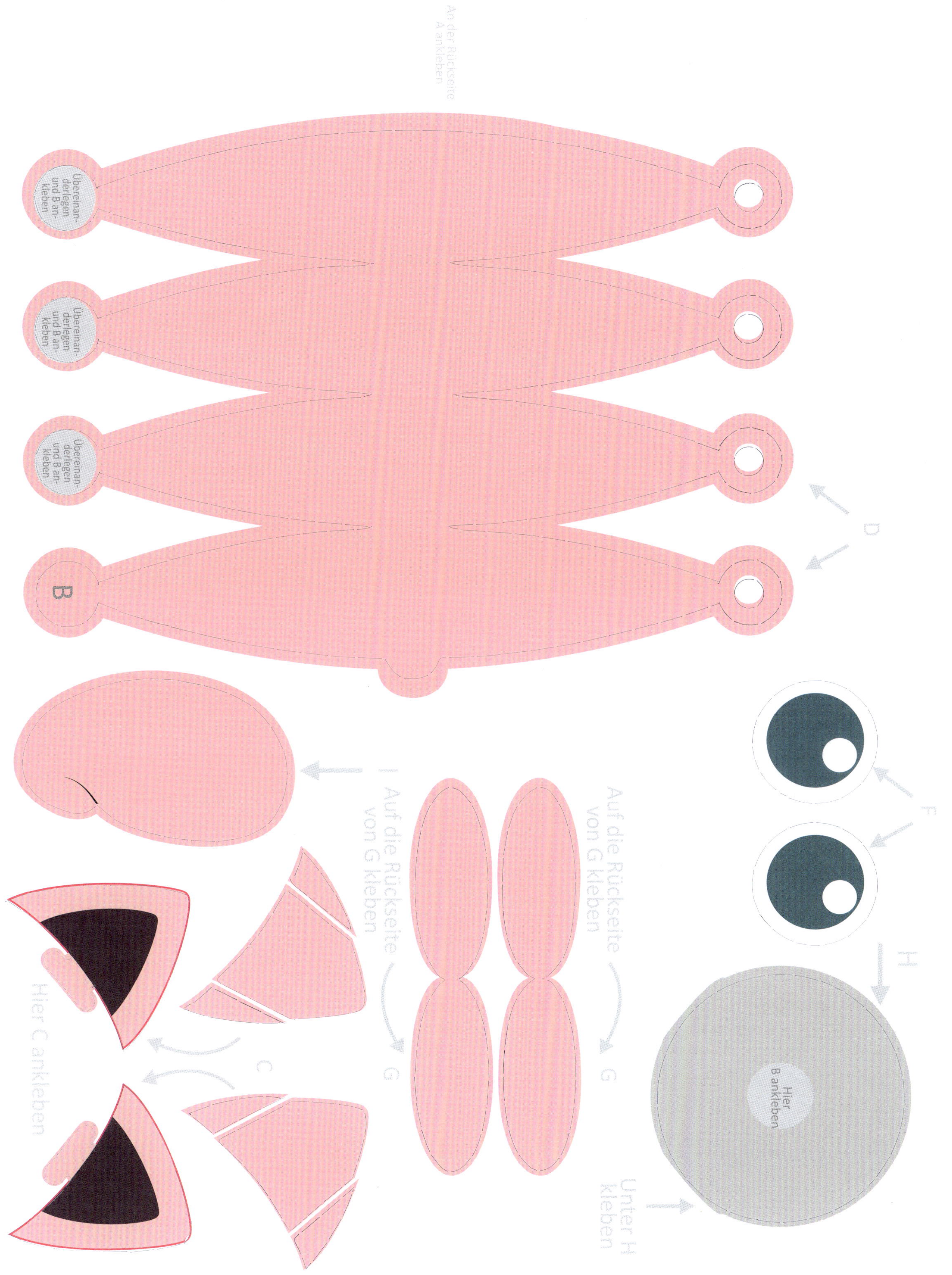
An der Rückseite A ankleben
Übereinanderlegen und B ankleben
Übereinanderlegen und B ankleben
Übereinanderlegen und B ankleben
B
D
F
H
I
Auf die Rückseite von G kleben
Auf die Rückseite von G kleben
G
G
C
Hier C ankleben
Hier B ankleben
Unter H kleben

Hier A ankleben

Hier D ankleben

Hier A ankleben

C

Hier F ankleben

Hier G ankleben

Hier C ankleben

D

C

Hier F ankleben

Hier G ankleben

Hier C ankleben

D

F

G

Hier I ankleben

Hier I ankleben

A

Hier E ankleben

Hier H ankleben

Hier A ankleben

B

A

Hier E ankleben

Hier H ankleben

Hier A ankleben

B

E

H

Hier J ankleben

Hier J ankleben

E

H

Hier J ankleben

Hier J ankleben

Box-C-Teile

BOX A

Hier Box B ankleben

Hier Box B ankleben

Hier Pokémon ankleben

Hier Box B ankleben

Hier Pokémon ankleben

Hier Box B ankleben

Hier Box A ankleben

BOX A

Hier Box B ankleben

Hier Box B ankleben

Hier Pokémon ankleben

Hier Box B ankleben

Hier Pokémon ankleben

Hier Box B ankleben

Hier Box A ankleben

BOX A

Hier Box B ankleben

Hier Box B ankleben

Hier Pokémon ankleben

Hier Box B ankleben

Hier Pokémon ankleben

Hier Box B ankleben

Hier Box A ankleben

BOX A

Hier Box B ankleben

Hier Box B ankleben

Hier Pokémon ankleben

Hier Box B ankleben

Hier Pokémon ankleben

Hier Box B ankleben

Hier Box A ankleben

BOX A

Hier Box B ankleben

Hier Box B ankleben

Hier Pokémon ankleben

Hier Box B ankleben

Hier Pokémon ankleben

Hier Box B ankleben

Hier Box A ankleben

BOX A

Hier Box B ankleben

Hier Box B ankleben

Hier Pokémon ankleben

Hier Box B ankleben

Hier Pokémon ankleben

Hier Box B ankleben

Hier Box A ankleben

BOX A

Hier Box B ankleben

Hier Box B ankleben

Hier Pokémon ankleben

Hier Box B ankleben

Hier Pokémon ankleben

Hier Box B ankleben

Hier Box A ankleben

BOX A

Hier Box B ankleben

Hier Box B ankleben

Hier Pokémon ankleben

Hier Box B ankleben

Hier Pokémon ankleben

Hier Box B ankleben

Hier Box A ankleben

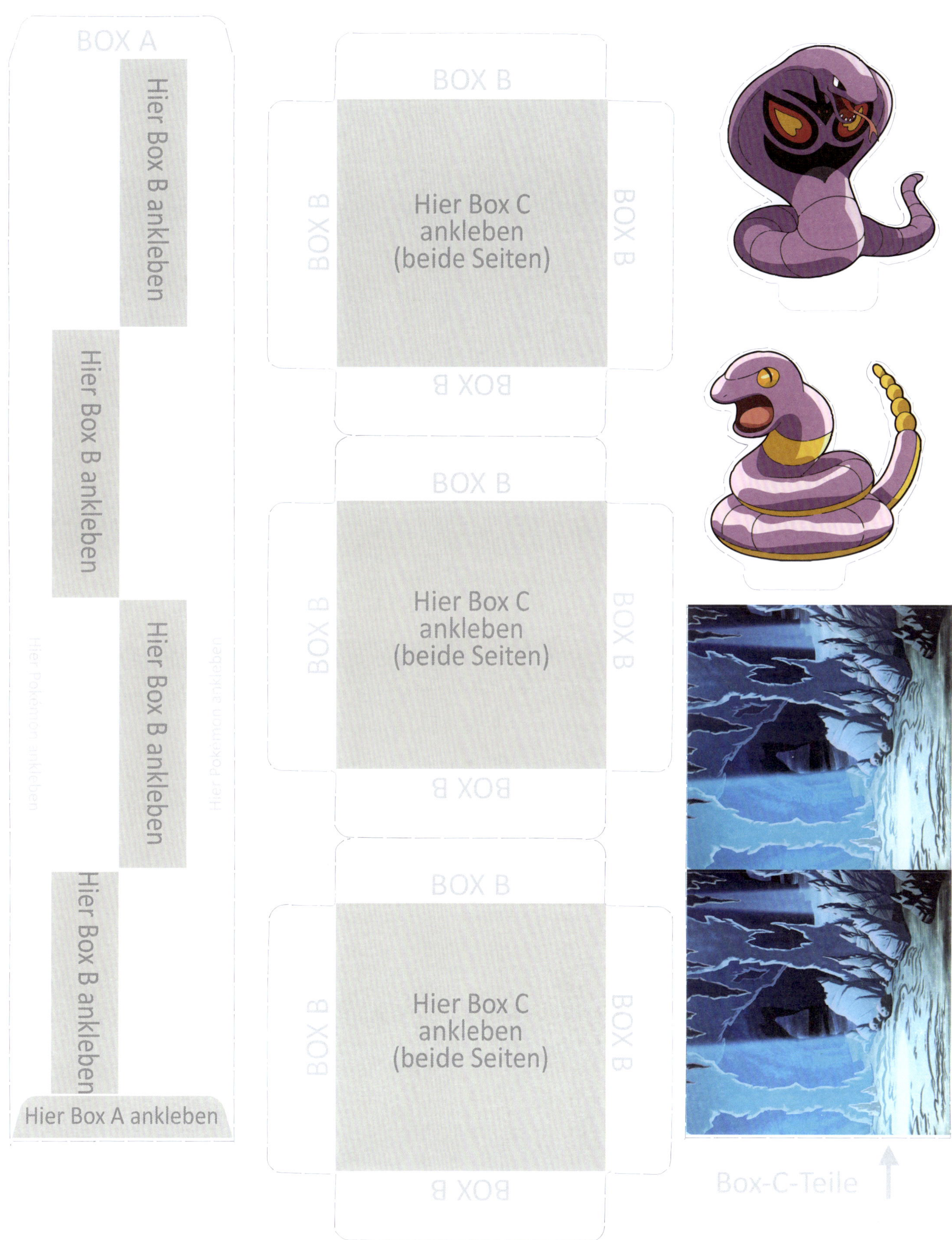
BOX A
Hier Box B ankleben
Hier Box B ankleben
Hier Box B ankleben
Hier Box B ankleben
Hier Pokémon ankleben
Hier Pokémon ankleben
Hier Box A ankleben
BOX B
Hier Box C ankleben (beide Seiten)
BOX B
Hier Box C ankleben (beide Seiten)
BOX B
Hier Box C ankleben (beide Seiten)
Box-C-Teile

BOX B

BOX B

Hier Box C ankleben (beide Seiten)

BOX B

BOX B

BOX B

BOX B

Hier Box C ankleben (beide Seiten)

BOX B

BOX B

BOX B

BOX B

Hier Box C ankleben (beide Seiten)

BOX B

BOX B

BOX B

BOX B

Hier Box C ankleben (beide Seiten)

BOX B

BOX B

BOX B

BOX B

Hier Box C ankleben (beide Seiten)

BOX B

BOX B

BOX B

BOX B

Hier Box C ankleben (beide Seiten)

BOX B

BOX B

BOX-C-Teile

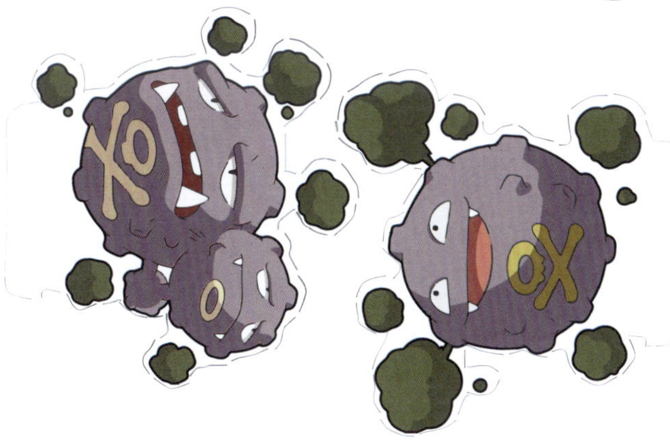

Name:
Lieblings-Pokémon:
Lieblingsfach:
Hier D ankleben
Hier D ankleben
Hier D ankleben
G
E
C

F
An der Rückseite E ankleben
An der Rückseite C ankleben
S
T
An der Rückseite A ankleben
A
B
B

An der Rückseite G ankleben

An der Rückseite I ankleben

Hier F ankleben

Oberen Einsatz an inneren Rand kleben

An der Rückseite H ankleben

Hier B ankleben

Hier B ankleben

Oberen Einsatz an inneren Rand kleben

Hier J ankleben

Hier J ankleben

J

J

An der Rückseite
S ankleben
Hier Y ankleben

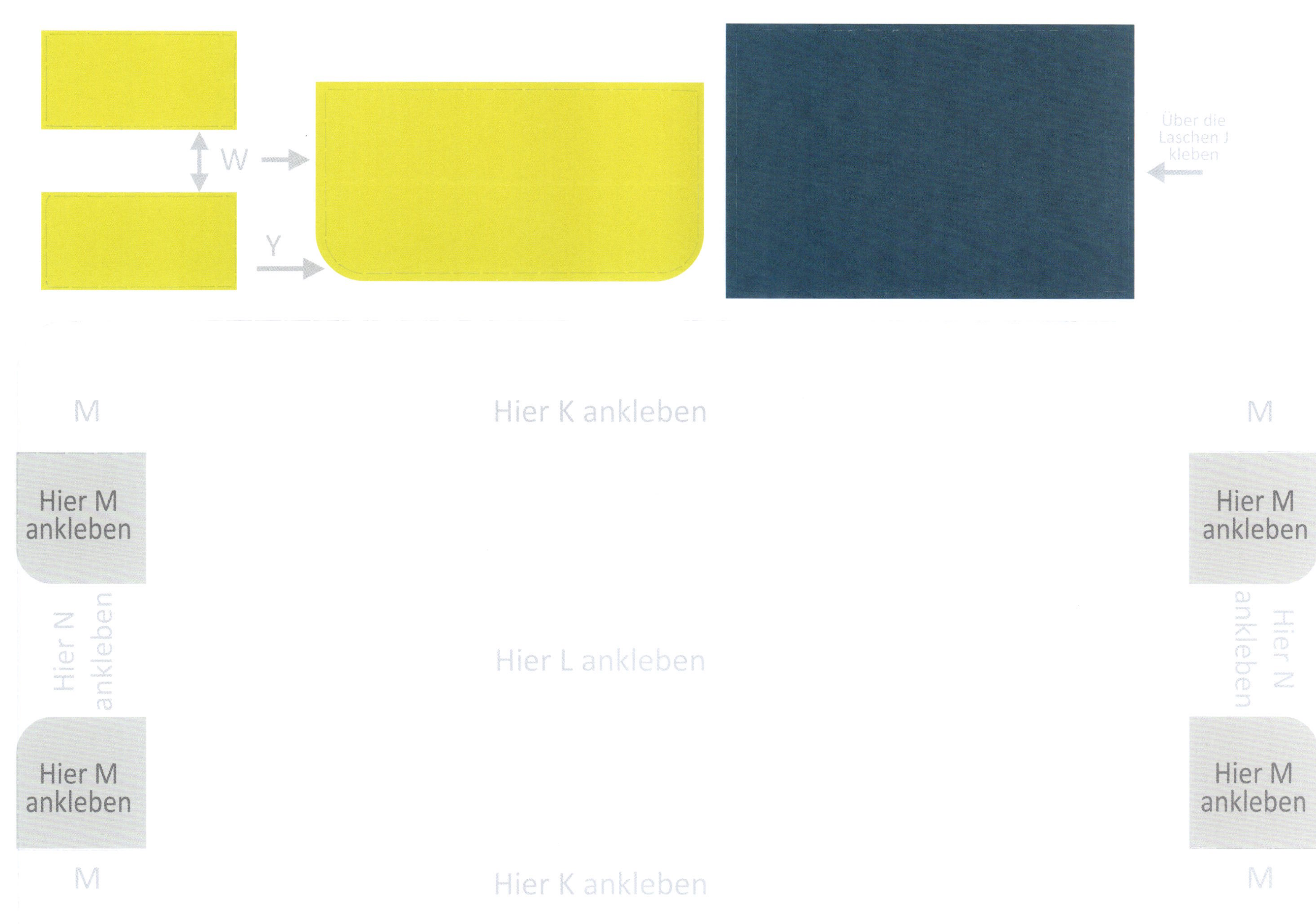

W
Y
Über die Laschen J kleben
M
Hier K ankleben
M
Hier M ankleben
Hier M ankleben
Hier N ankleben
Hier L ankleben
Hier N ankleben
Hier M ankleben
Hier M ankleben
M
Hier K ankleben
M

An der Rückseite T ankleben
R
P
R
O
O
I

Hier Q ankleben
Hier R ankleben
Hier Q ankleben
Q
Q
H
Hier O ankleben
Hier P ankleben
Hier O ankleben
Hier Q ankleben
Hier R ankleben
Hier Q ankleben
Q
Q
H

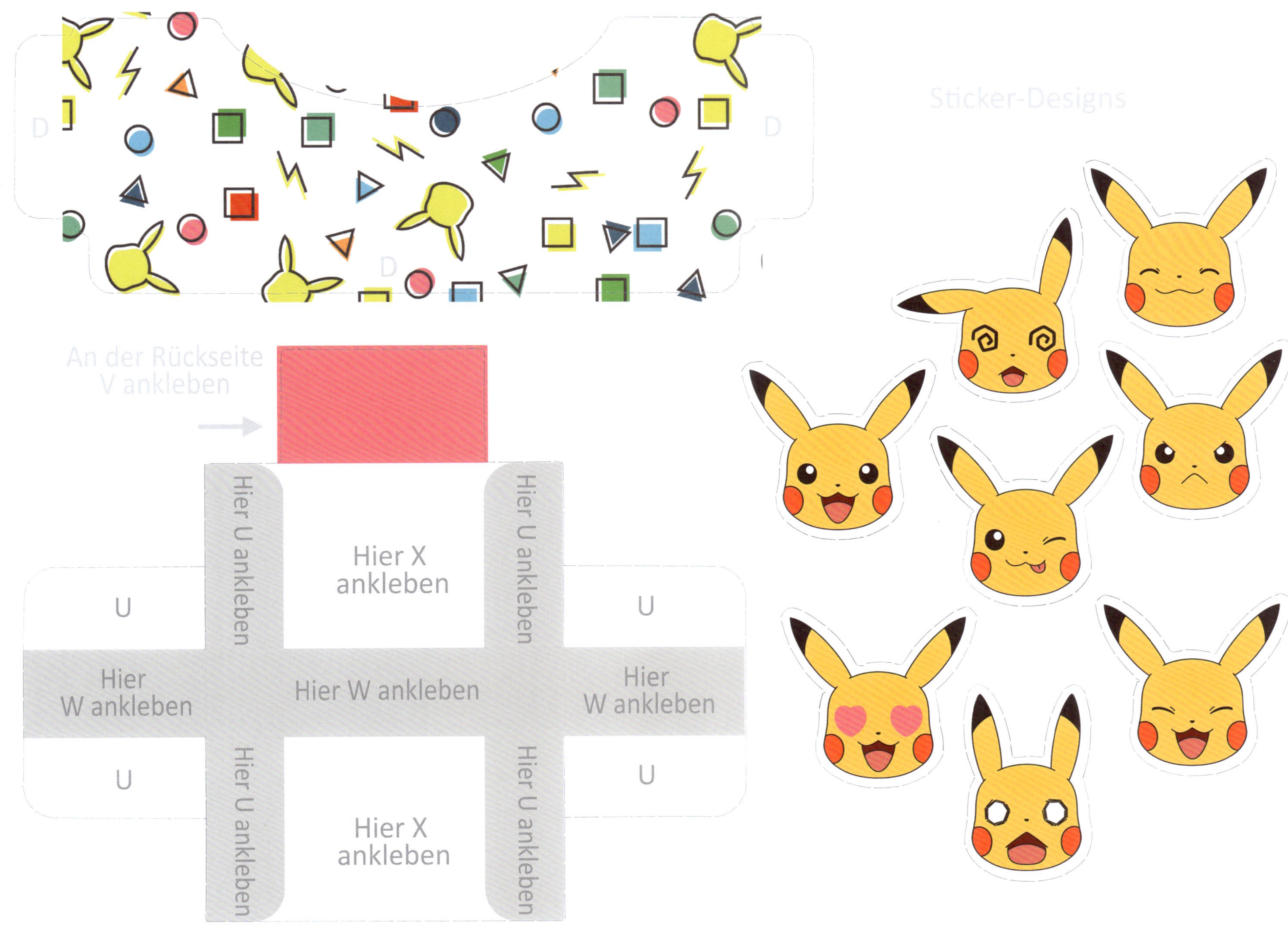
D
D
D
Sticker-Designs
An der Rückseite
V ankleben
Hier U ankleben
Hier X
ankleben
Hier U ankleben
U
U
Hier
W ankleben
Hier W ankleben
Hier
W ankleben
U
U
Hier U ankleben
Hier X
ankleben
Hier U ankleben

Teile L
L1 L2 L3 L4 L5 L6 L7 L8 L9 L10 L11
M1 M2 M3 M4 M5 M6 M7 M8 M9 M10
F
Teile M
J
J
Hier F
ankleben
G

L1 ankleben

M1 ankleben

L2 ankleben

M2 ankleben

L3 ankleben

M3 ankleben

L4 ankleben

M4 ankleben

L5 ankleben

M5 ankleben

L6 ankleben

M6 ankleben

L7 ankleben

M7 ankleben

L8 ankleben

M8 ankleben

L9 ankleben

M9 ankleben

L10 ankleben

M10 ankleben

L11 ankleben

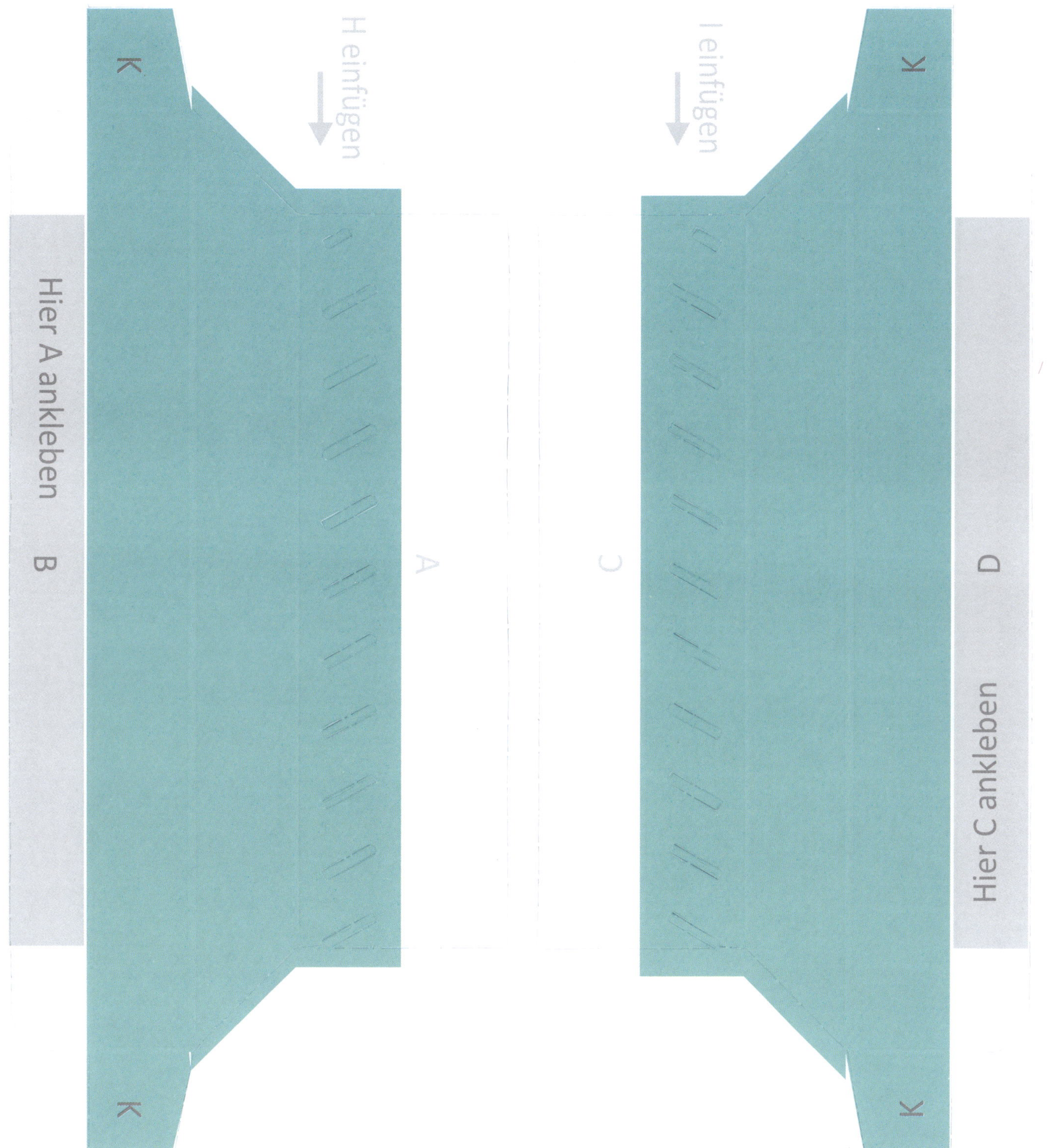
H einfügen
I einfügen
K
K
K
K
Hier A ankleben
B
A
C
D
Hier C ankleben

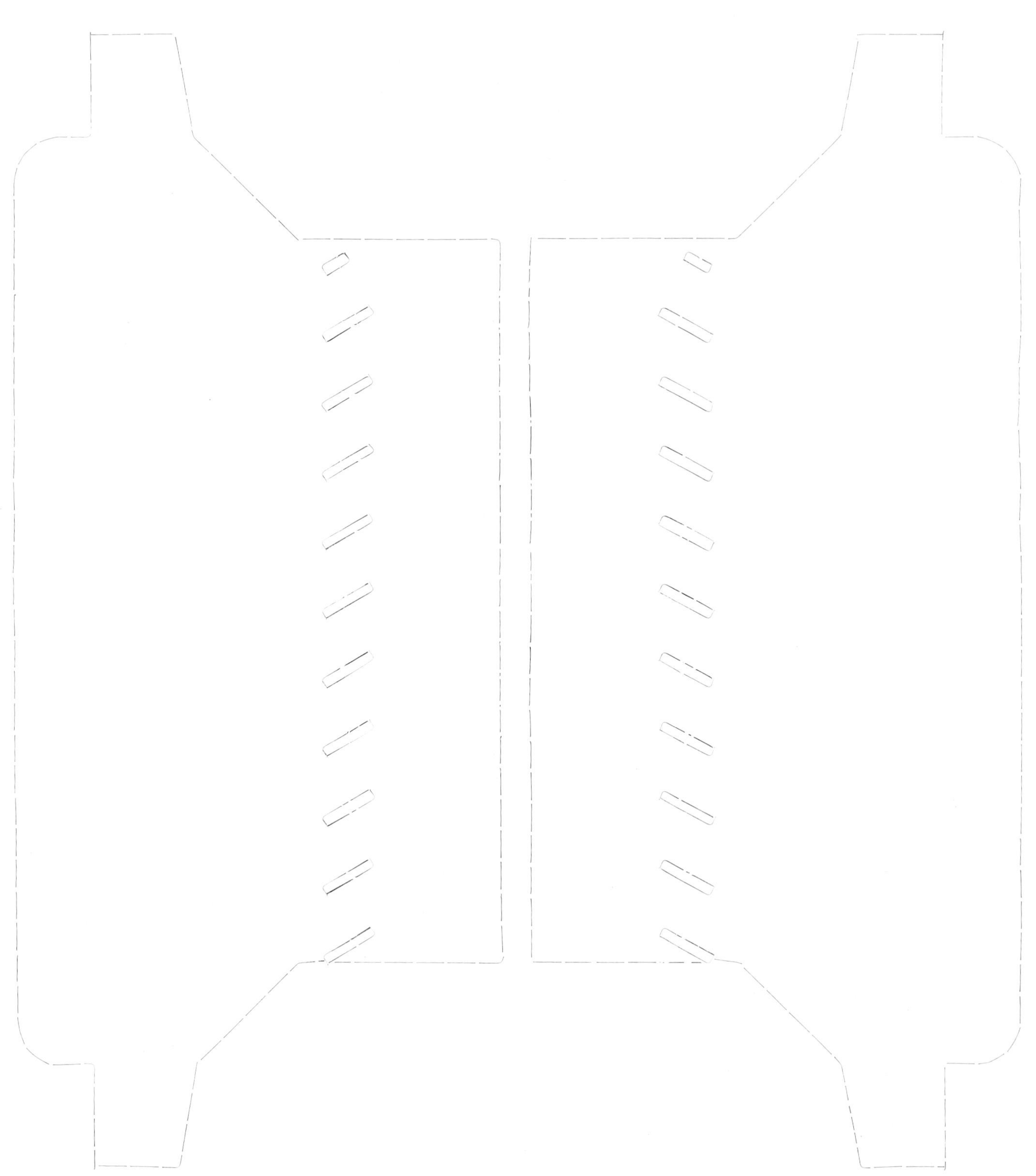

E

J

J

An der Rückseite E ankleben

An der Rückseite A und B ankleben

An der Rückseite C und D ankleben

An der Rückseite F und G ankleben

Evoli-Design
B
Hier B ankleben
Hier A ankleben
A

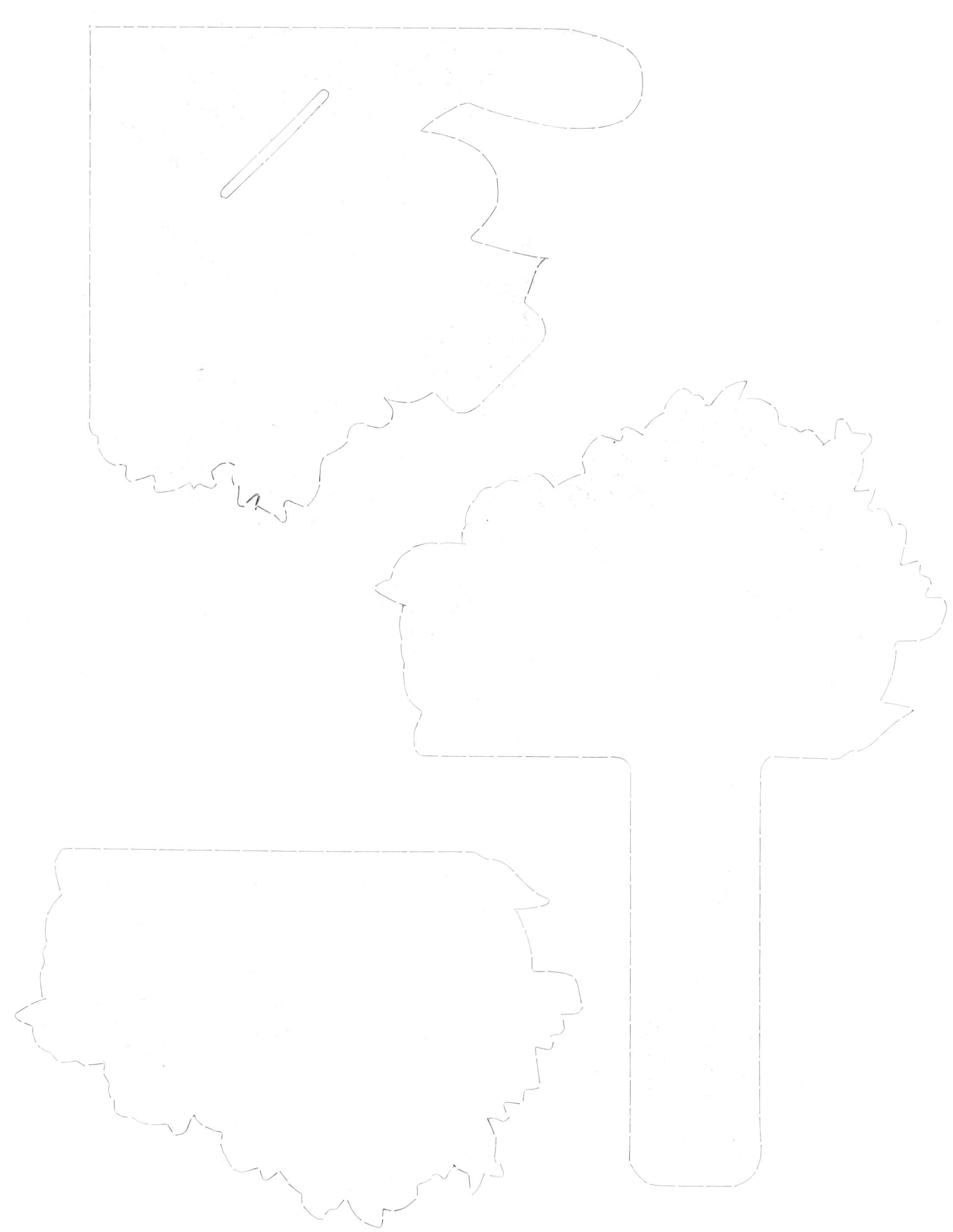

Evoli-Design

Smettbo-Design

Sticker-Designs

Smettbo-Design
Hier A ankleben
Hier B ankleben
B
A

Weitere
Landschafts-
elemente

Weitere
Landschafts-
elemente

A

C

F
E
B

G
H
D

An der Rückseite
A ankleben
→

An der Rückseite
C ankleben
→

An der Rückseite
F ankleben
An der Rückseite
E ankleben
Auf die
Rückseite
von B kleben

Auf die Rückseite von H kleben
Auf die Rückseite von G kleben
Auf die Rückseite von D kleben

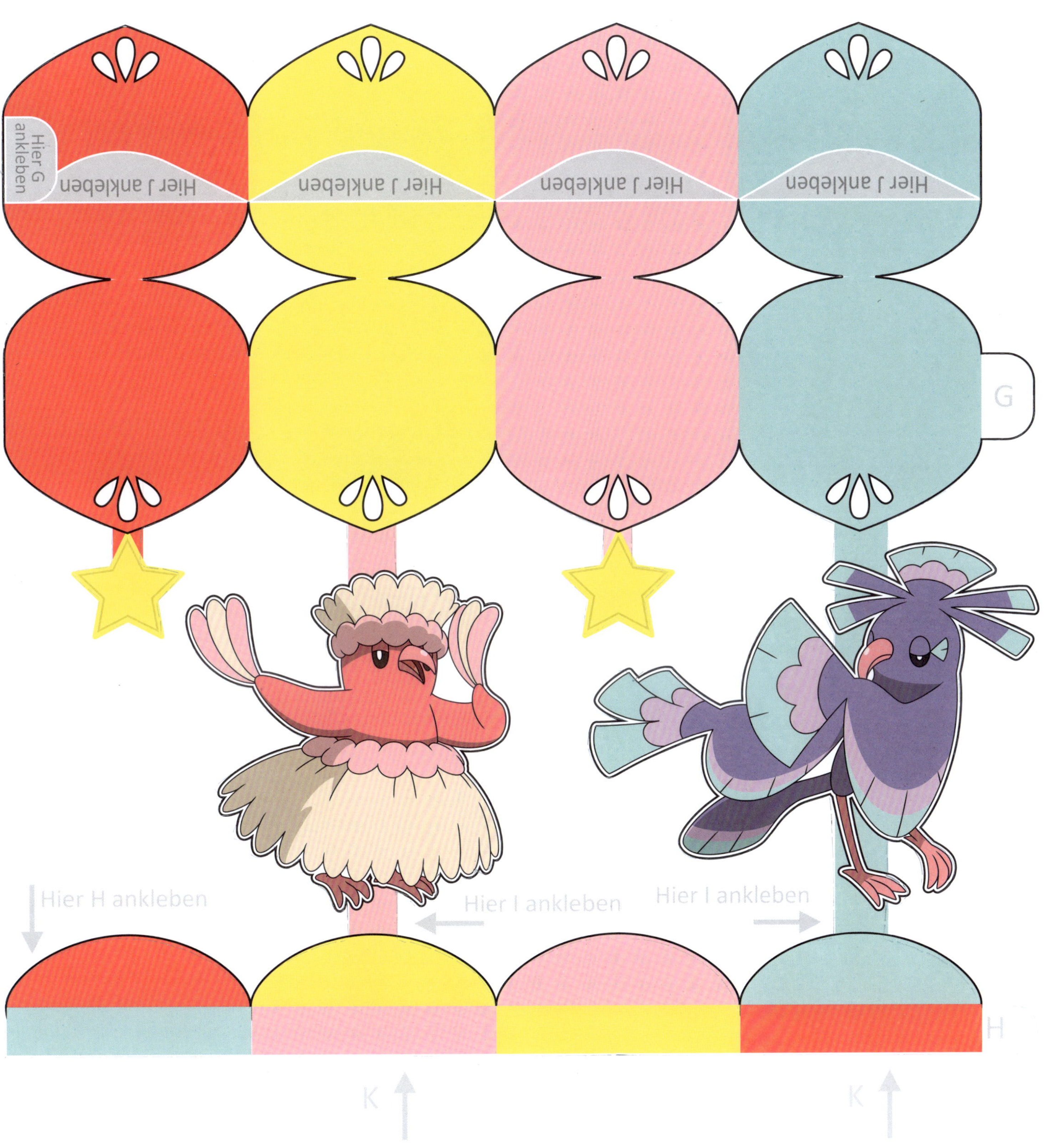
Hier G ankleben
Hier J ankleben
Hier J ankleben
Hier J ankleben
Hier J ankleben
G
Hier H ankleben
Hier I ankleben
Hier I ankleben
H
K
K

F
Hier F ankleben

Hier E ankleben
Hier E ankleben
Hier E ankleben
Hier E ankleben
Hier E ankleben
Hier E ankleben
Hier E ankleben
Hier E ankleben

Hier D ankleben
Hier D ankleben
Hier D ankleben
Hier D ankleben
Hier D ankleben
Hier D ankleben
Hier D ankleben
Hier D ankleben

Hier B ankleben
Hier B ankleben
Hier B ankleben
Hier B ankleben

A

Hier A ankleben

B B B B

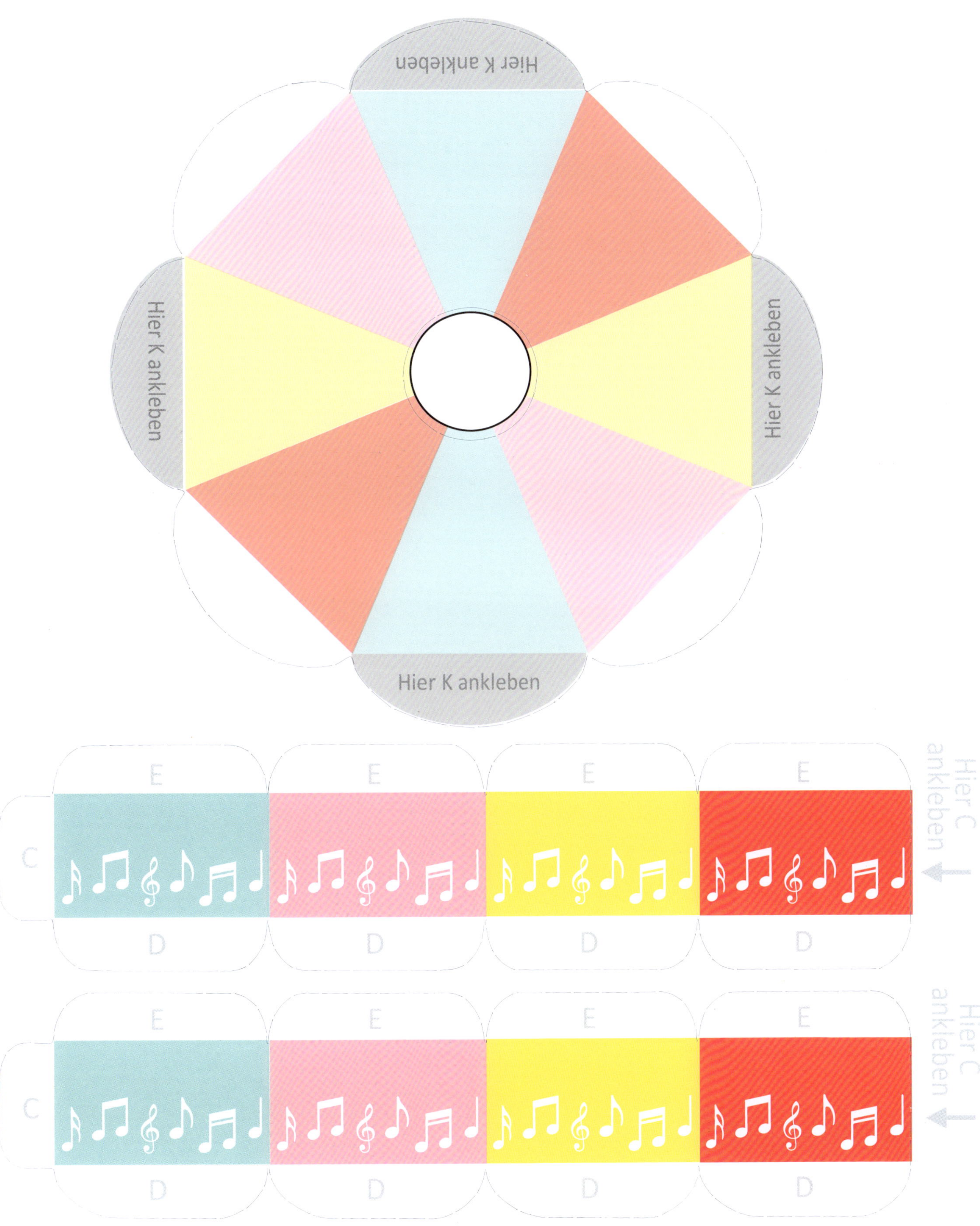
Hier K ankleben
Hier K ankleben
Hier K ankleben
Hier K ankleben
E
C
D
Hier C ankleben
E
C
D
Hier C ankleben

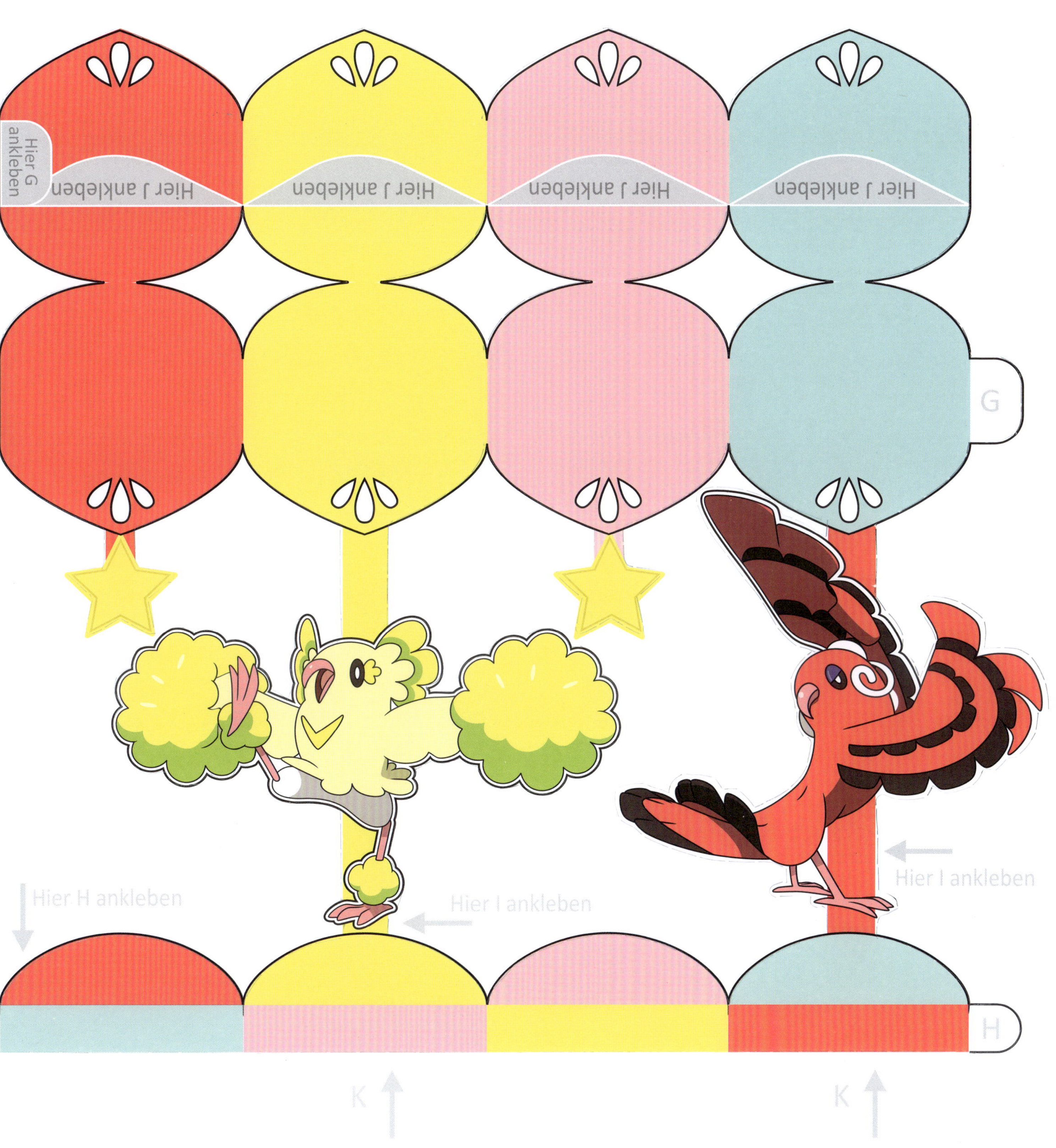
Hier G ankleben
Hier J ankleben
Hier J ankleben
Hier J ankleben
Hier J ankleben
G
Hier H ankleben
Hier I ankleben
Hier I ankleben
H
K
K